MANUEL DE TIR

TOURS. — IMPRIMERIE ROUILLÉ-LADEVÈZE

RÉPUBLIQUE FRANÇAISE

MANUEL DE TIR

A L'USAGE

DES ÉCOLES PRIMAIRES. DES LYCÉES,
DES ÉTABLISSEMENTS D'INSTRUCTION ET DES
BATAILLONS CIVIQUES

PAR

G.-H. LE ROY DE GOUBERVILLE

Préface de Jean MACÉ

PARIS

LIBRAIRIE CH. DELAGRAVE

15, RUE SOUFFLOT, 15

1885

PRÉFACE

Voici un livre d'un caractère à part, répondant à un besoin tout nouveau, un ouvrage d'enseignement technique qui est en même temps une œuvre patriotique! C'est le livre d'un citoyen ayant la patrie devant les yeux.

Les Prussiens s'étaient mis à l'œuvre au lendemain d'Iéna, et leur jeunesse de 1807 était mûre pour la bataille de Leipsick. Nous autres, au lendemain du désastre, nous sommes tombés en mauvaises mains. Le danger intérieur a été trop longtemps notre préoccupation capitale: à peine en sommes-nous remis. Mais voici qu'enfin, avec la sécurité vis-à-vis l'ennemi du dedans réduit à des rages impuissantes, nous est venue la préoccupation de la défense nationale contre les retours possibles de l'ennemi du dehors.

Le mouvement est lancé maintenant, grâce surtout aux efforts persévérants de nos ministres de l'Instruction publique, qui ont envoyé partout le mot d'ordre de l'instruction militaire donnée aux enfants dans les écoles.

Il y aura bientôt deux ans qu'entraînée par la parole brûlante d'un sénateur des Vosges, M. Georges, la Ligue française de l'enseignement inscrivait sur son programme l'éducation militaire de notre jeunesse, entre l'école et le régiment. Depuis, ses conférenciers parcourent la France en tous sens, poussant les sociétés de la confédération dans cette voie nouvelle, en semant sur leur passage là où il n'en existait pas. La Ligue des patriotes, marchant sur ses traces, va réchauffant en toute occasion le sentiment national, réveillant la pensée de la défense de la patrie. Les sociétés de gymnastique, si nombreuses et si puissantes en Allemagne avant la guerre, se multiplient chez nous, en ajoutant l'une après l'autre à leurs exercices le maniement d'armes et les longues marches qui mettent d'avance le futur soldat en mesure de faire campagne. Le tir enfin, ce supplément indispensable de la préparation au régiment, se popularise de jour en jour dans nos villes et nos campagnes. Les sociétés de tir, — rares exceptions, il n'y a pas encore bien longtemps, — s'organisent comme d'elles-mêmes jusque dans nos petites communes, l'exemple des jeunes entraînant les autres. Je n'en veux pour preuve que mon village de Monthiers, où, à la suite d'un exercice de tir, à l'arme de guerre réduite, des enfants de l'école et du peloton d'adultes, les hommes sont venus déclarer spontanément qu'ils voulaient fonder entre eux une société de tir. Que l'on revienne chez nous ! On y aura affaire à une autre France que celle de 1870.

Mais l'élan ne suffit pas sans la science, et c'est une véritable science que celle du tir.

Il y a d'abord des lois physiques dont on peut bien ne pas posséder la théorie complète, mais dont il est nécessaire d'avoir au moins la notion, si l'on veut se rendre compte de ce qui se passe quand on envoie une balle devant soi.

Il faut ensuite connaitre à fond toutes les parties de son arme et le jeu de son mécanisme, savoir la charger et la décharger, la démonter et la remonter, l'entretenir en bon état; s'être familiarisé avec les règles du pointage, l'emploi de la hausse, les positions à prendre pour bien tirer, debout, à genoux, et couché, les procédés d'appréciation des distances, un détail si important sur le terrain de combat.

On n'apprend pas cela tout seul. C'est une étude spéciale, dans laquelle il faut être guidé, et nos instituteurs, que rien n'avait préparés à leur métier récent d'instructeurs militaires, ont besoin d'un *Manuel* à leur adresse, leur présentant sous une forme simple, claire et précise, ce qu'ils doivent apprendre d'abord avant de l'enseigner à leurs élèves. Le besoin est égal pour cette armée de tireurs improvisés qui sort de terre en ce moment.

Le *Manuel de tir* de M. *Le Roy de Gouberville* est bien le livre d'école qui nous manquait, le guide que réclamaient nos pelotons d'adultes et nos sociétés de tir en voie de formation. Ancien franc-tireur vosgien, membre zélé de la Ligue de l'enseignement et l'un de ceux qui lui ont parlé les premiers de la mission qu'elle vient de se donner, habitué depuis vingt ans des concours de tir, l'auteur réunissait toutes les conditions d'esprit militaire, de dévouement civique et de compétence technique que demandait un travail si difficile à mener à bien.

On peut dire de son livre qu'il a été fait religieusement, avec cette idée que la vie du soldat dépend bien souvent d'un petit détail négligé, et sous l'empire d'une pensée qu'on sent toujours présente, à savoir qu'il s'agissait de préparer des défenseurs utiles à la patrie. Ces livres-là sont toujours bien faits.

JEAN MACÉ.

Monthiers, 27 janvier 1884.

MON BUT

Ancien *franc-tireur vosgien*, et *membre de la Ligue de l'enseignement*, je proposais au Congrès de 1882 qu'elle prît sous son patronage l'éducation civique et militaire.

M. Georges, ancien préfet de la Défense nationale et sénateur des Vosges, de son côté, mettait tout son patriotique dévouement au service de cette cause, plus palpitante sur notre frontière de l'Est que partout ailleurs.

L'État munissait les écoles communales de fusils d'exercices, de fusils de tir scolaires, et l'heureuse impulsion imprimée par la *Ligue* se faisait ressentir dans toute la France, avec une rapidité qui montre que chez nous le sentiment national est aussi vivace que la patrie.

Les bonnes volontés de nos instituteurs, si dévoués au relèvement du pays, étaient prêtes à s'employer à cet enseignement nouveau ; mais ils manquaient eux-mêmes des plus simples notions de ce qu'ils allaient avoir à enseigner à leurs élèves.

Aucun manuel de tir n'existait, pour venir au secours de leur ignorance de l'arme, des principes du pointage et du tir; j'avais eu maintes fois l'occasion de le remarquer et de le déplorer.

C'est cette lacune dans notre *enseignement civique et militaire* que j'ai résolu de combler, en mettant à cette tâche tout le soin, tout le zèle du membre de la *Ligue de l'enseignement*, aidé de l'expérience du tir des armes de guerre et de précision, acquise par une pratique de plus de vingt ans.

En publiant aujourd'hui ce MANUEL DE TIR, A L'USAGE DES ÉCOLES PRIMAIRES, DES LYCÉES, DES ÉTABLISSEMENTS D'INSTRUCTION ET DES BATAILLONS CIVIQUES, je mets entre les mains des maîtres et des élèves les éléments nécessaires pour former et pour devenir de bons tireurs, connaissant à fond notre excellente arme nationale, pouvant utiliser toutes ses qualités et acquérir ainsi, avant d'entrer au régiment, la solidité qu'on possède lorsqu'on est maître de l'effet de son arme : *le sang-froid qui assure la précision du coup.*

G.-H. LE ROY DE GOUBERVILLE.

Plombières (Vosges), le 6 janvier 1884.

PRÉLIMINAIRE

LE DEVOIR. — LE DRAPEAU. — L'ARMÉE DE LA
RÉPUBLIQUE

LE DEVOIR

Tous les hommes de vingt à quarante ans sont appelés à faire partie à un titre quelconque de l'armée nationale.

Ceux-là seuls qui ont subi des condamnations infamantes, n'ont pas cet honneur. Ces dégradés seraient une souillure dans les rangs de nos soldats. Il faut avoir le cœur loyal et les mains pures pour soutenir le drapeau de la patrie.

Le devoir du citoyen est d'obéir aux lois de son pays, et, à son premier cri d'appel ou de détresse, d'accourir au poste de combat qui lui est assigné.

Le devoir du soldat est l'obéissance confiante à l'ordre de ses chefs, l'abnégation absolue de lui-même pour le salut de tous. Entre sa vie et son devoir, s'il avait à choisir, il devrait choisir le devoir.

Le citoyen devenu soldat, est transformé en machine de guerre, il doit en avoir l'exactitude et la précision de mouvements.

L'exactitude s'acquiert par le développement du sentiment de la mission élevée que le soldat doit remplir.

La précision s'obtient par l'étude de la théorie et par la pratique.

Ces deux qualités réunies font du soldat la machine de guerre intelligente, capable de remplir de la façon la plus efficace son devoir, de défendre la patrie et de sauvegarder l'honneur du drapeau de la République.

LE DRAPEAU

Toutes les armées ont un signe de ralliement, c'est le drapeau.

Il est aux couleurs de la nation à laquelle il appartient et porte généralement une devise ou des emblèmes qui rappellent aux soldats dans la bataille, comme aux citoyens sur la place publique, la patrie, pour laquelle ils ne doivent s'épargner aucun sacrifice, aucun dévouement.

Le drapeau français porte la devise de la République : *Liberté, égalité, fraternité.*

Elle doit rappeler au soldat que, de même que tous ses frères, il combat pour la France et pour sa liberté.

Cette pensée glorieuse ne quittera jamais son cœur, et son courage sera à la hauteur de son devoir.

Les lâches seuls ou les traîtres rendent leur drapeau à l'ennemi.

Les patriotes le portent victorieux, ou tombent avec lui.

L'ARMÉE DE LA RÉPUBLIQUE

La République veut le maintien de la paix avec ses voisins, parce que ce gouvernement est celui du peuple lui-même, qui règle, par l'intermédiaire de ses représentants, qu'il inspire, les questions qui touchent à l'avenir national.

Les citoyens, en effet, n'ont aucun intérêt à voir la France s'agrandir au détriment des puissances voisines.

Quand la guerre, quelle qu'en soit la cause, surgit, c'est la ruine immédiate du commerce, de l'industrie, de l'agriculture, la destruction des hommes et du fruit de leurs travaux.

Si elle est une guerre de conquête, la conquête est sans profit ; le lendemain de la victoire, les représailles s'apprêtent. Tôt ou tard, il faut rendre ce qu'on a usurpé. Après avoir payé bien cher déjà la gloire des batailles gagnées, combien leurs succès coûtent encore aux vainqueurs !

La République ne veut point essayer de conquêtes, elle respecte la liberté des peuples comme celle des individus ; mais elle tient à faire respecter ses frontières.

On a dit : *la force prime le droit*, et ce principe nous fut appliqué !

Les milliards de la France sont partis, nos soldats sont morts écrasés par le nombre.

La patrie a été longtemps pour se remettre de ses blessures profondes.

A quand la fin de son deuil !...

Pour éviter le retour de *l'année terrible*, nous avons dû refaire une armée. Il la faut nombreuse et forte disciplinée, instruite, aguerrie.

Nous ne voulons pas conquérir les autres ; mais nous entendons rester les maîtres chez nous.

Nous avons de bonnes armes ; apprenons tous à nous en servir.

Si la *force* prime quelquefois le *droit ;* c'est que le *bon droit* ne sait pas toujours s'appuyer sur la *force !*

Si vis pacem para bellum.

Et maintenant, enfants, à l'œuvre, pour le salut de la France et de la République !

G.-H. LE ROY DE GOUBERVILLE.

MANUEL DE TIR

PREMIÈRE PARTIE

DES PRINCIPALES FORCES QUI DÉTERMINENT LE MOUVE-
MENT DES PROJECTILES ET AGISSENT SUR LA FORME
DE CE MOUVEMENT. — DES TERMES DE TIR. — LEURS
DÉFINITIONS. — DE L'ARME DE GUERRE. — SON
PROJECTILE, SA CARTOUCHE, SON APPAREIL DE
POINTAGE. — DÉVIATION, DÉRIVATION. — DE SON
MÉCANISME. — DE SA MONTURE. — FONCTIONNE-
MENT DU MÉCANISME EN RECHARGEANT L'ARME. —
DÉMONTAGE ET REMONTAGE. — ENTRETIEN DE
L'ARME.

CHAPITRE PREMIER

Des principales forces qui déterminent le
mouvement des projectiles, ou agissent
sur la forme de leur mouvement.

L'étude du tir a pour objet d'arriver à obtenir de l'arme que l'on a entre les mains, la
plus grande précision possible et tout l'effet
utile qu'elle peut donner.

Pour arriver à ce résultat, il faut la connaître parfaitement dans tous ses détails, ainsi que les diverses forces qui influent sur la marche d'un projectile lancé dans l'espace. Les lois physiques qui régissent leur mouvement s'appliquent à tous, quels qu'ils soient.

Occupons-nous d'abord de la connaissance succincte de ces forces, nous passerons ensuite à l'étude détaillée de l'arme.

Trois causes principales font varier à l'infini la forme et la dimension de la ligne suivie par le projectile.

Ce sont :

1° La force de projection ;
2° La résistance de l'air ;
3° La pesanteur.

Force de projection. — Résistance de l'air. — Pesanteur. — Trajectoire.

FORCE DE PROJECTION

La *force de projection* est celle qui, appliquée à un corps mobile, le déplace.

La poudre, en s'enflammant, produit une quantité de gaz environ quatre cents fois plus grande que son volume primitif.

C'est la pression des gaz provenant de la combustion de la poudre dans un tube résistant, fermé solidement à l'une de ses extrémités, que l'on utilise pour lancer au loin, par l'extrémité restée libre, une masse mobile introduite dans ce tube et qu'on nomme projectile.

Le projectile suivrait, avec une vitesse tou-

Fig. 1.

jours égale, sa direction première, une ligne droite, jusqu'à ce qu'il vînt à rencontrer un obstacle capable de l'arrêter, si deux forces, modifiant sans cesse sa vitesse et sa direction, n'agissaient sur lui : la *résistance de l'air* et la *pesanteur*.

RÉSISTANCE DE L'AIR

Le projectile lancé, est obligé de déplacer l'air qu'il rencontre.

Plus il a de vitesse, plus la résistance que l'air oppose à son passage est grande; elle augmente encore, régulièrement en raison du *volume* du projectile.

En usant sa *force de projection* à se frayer sa route, au fur et à mesure qu'il avance, il perd aussi de la vitesse qu'il avait au départ et qu'on nomme *vitesse initiale*.

Cette force constamment diminuée finirait par devenir nulle, il arriverait un moment où le projectile s'arrêterait et resterait immobile sur un point de la ligne droite qu'il devait parcourir, s'il n'était sollicité par la *pesanteur*.

LA PESANTEUR

La pesanteur, (1) est une force qui attire les corps vers le centre de la terre et les fait tomber à sa surface quand ils ne sont pas soutenus.

Son action s'exerce constamment et de la même manière sur tous les corps, qu'ils soient en repos ou en mouvement.

Tout corps abandonné à lui-même dans un espace privé d'air descendrait

Fig. 2. suivant une ligne droite.

Au bout d'une seconde il se trouverait à 4^{m}90 au-dessous de son point de départ;

(1) Ne pas confondre avec le *poids*, qui est la mesure de l'effort capable d'empêcher un corps de tomber.

Au bout de la deuxième seconde à 19^m62.

Au bout de la troisième seconde à 44^m14.

Au bout de la quatrième seconde à 78^m45.

Dans l'air, la vitesse de la chute est sensiblement la même, pour les corps très lourds et de très petits volumes, tels que les balles de plomb, qui, pour ces deux raisons, subissent peu la résistance de l'air.

Dans leur mouvement, elles sont sans cesse attirées vers la terre par l'action de la pesanteur.

TRAJECTOIRE

La résultante de ces trois forces : la projection, qui pousse le projectile en avant suivant une ligne droite A B ; la résistance de l'air, qui ralentit progressivement sa vitesse initiale, jusqu'à l'anéantir ; la pesanteur, qui l'entraîne constamment vers le sol, au point F, avec une action d'autant plus accentuée, que sa vitesse diminue davantage, est une ligne courbe A F. C'est cette ligne que l'on nomme la *trajectoire.*

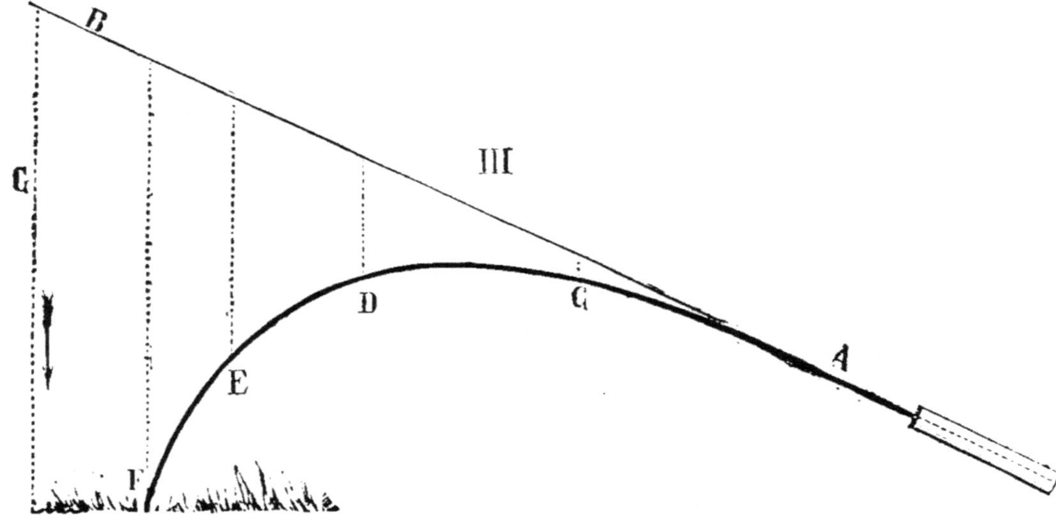

Fig. 3.

B A. Ligne que devrait suivre avec une vitesse constante le projectile s'il n'obéissait qu'à la force de projection. — A C. Vitesse initiale. — C D. Vitesse après le premier temps. — D E. Vitesse après le deuxième temps. — E F. Vitesse après le troisième temps. — A F. Trajectoire. G. Attraction de la pesanteur.

EXERCICE PREMIER

Quel est le but de l'étude du tir ?
Quelles sont les forces principales qui agissent sur le projectile, en déterminant ou en modifiant la marche ?
Qu'est-ce que la force de projection ?
Qu'est-ce que la résistance de l'air ?
Qu'est-ce que la pesanteur ?
Quel est l'effet de la première de ces forces sur un corps mobile ?
Quel est l'effet de la seconde ?
Quel est l'effet de la troisième ?
Qu'est-ce que la trajectoire ? Tracer une trajectoire (1).

---

(1) Le maître devra faire indiquer à l'élève, sur le tableau, au moyen du dessin, comment il comprend l'action de ces forces. Il devra s'attacher à faire pratiquer de même pour tout ce qui est susceptible, dans l'étude du tir, de fournir matière à un tracé en rapport avec les connaissances géométriques acquises.

CHAPITRE II

Les termes de tir et leurs définitions

Canon

On nomme canon le tube en métal destiné à contenir la poudre, le projectile et à diriger celui-ci.

Calibre

On nomme calibre le diamètre interne du canon.

Axe

On nomme axe du canon, la ligne qui le

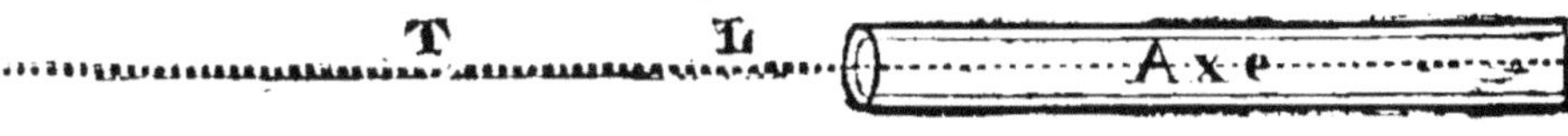

Fig. 4.

traverse dans sa longueur, en passant par le centre du calibre.

Ligne de tir

La ligne de tir est l'axe du canon indéfiniment prolongé.

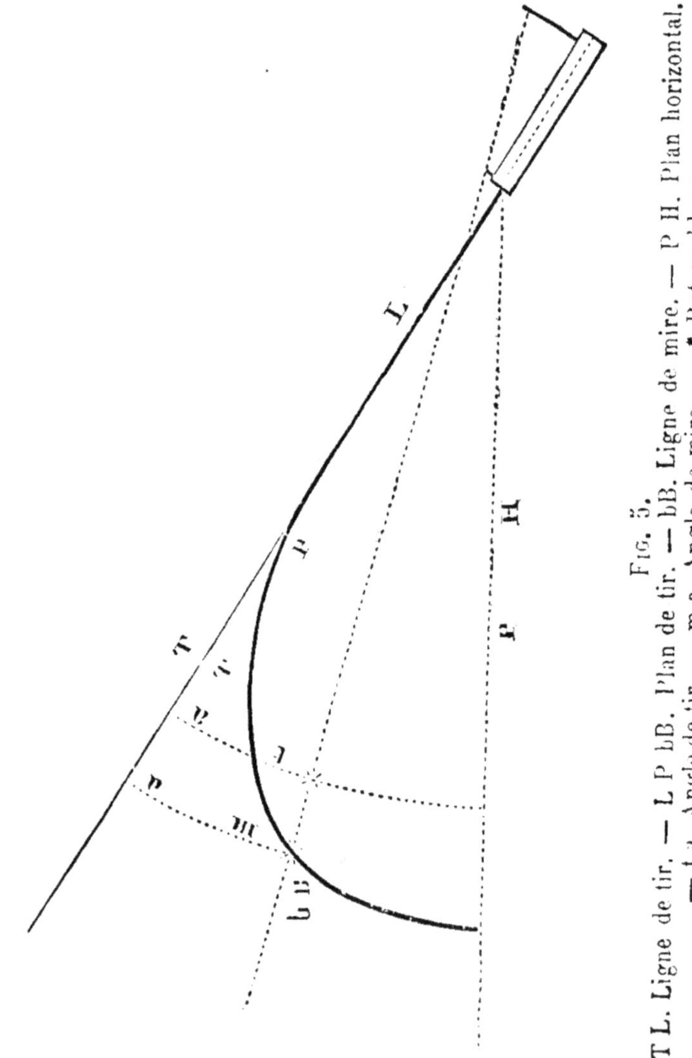

Fig. 5.

T L. Ligne de tir. — L P bB. Plan de tir. — bB. Ligne de mire. — P H. Plan horizontal. — t a. Angle de tir. — m a. Angle de mire. — * But en blanc.

Angle de tir

L'angle de tir est celui que fait la ligne de tir avec le plan horizontal.

Plan de tir

Le plan de tir est le plan vertical passant par la ligne de tir.

Portée

La portée est la distance comprise entre la bouche du canon et le point de rencontre du projectile avec le plan horizontal ; autrement dit, en langage ordinaire, la distance

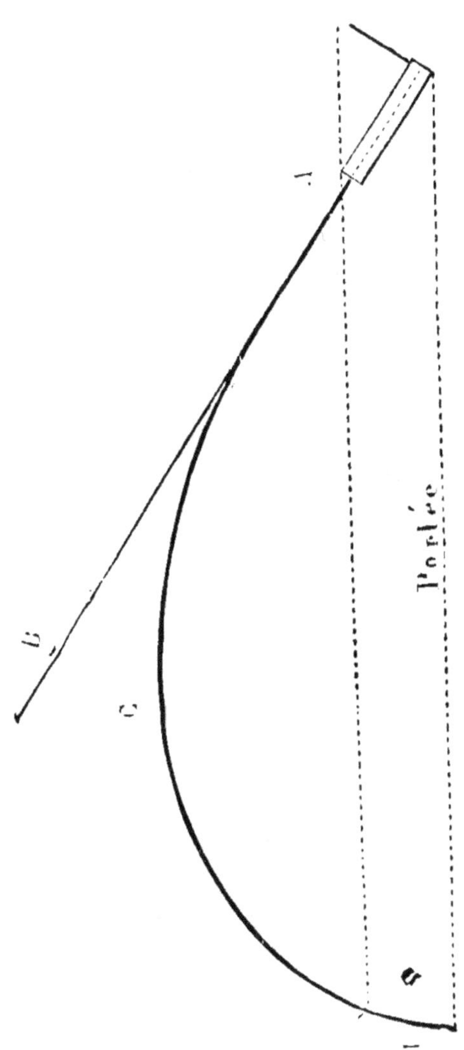

Fig. 6.

A B. Ligne de tir. — A C D. Trajectoire. — A *. Ligne de mire. — *. But en blanc.

qui sépare le point de départ du projectile de celui où il tomberait sur une surface plane, horizontale.

La portée augmente selon la force de projection appliquée et selon l'angle de tir.

Dans un milieu privé d'air, c'est-à-dire où le projectile ne rencontrerait aucune résistance sur son passage, l'arme placée à l'inclinaison de 45° (la moitié de l'angle droit), obtiendrait sa plus grande portée.

Avec le fusil modèle 1874, l'angle de tir qui correspond à la portée extrême de l'arme, est celui de 30° (1/3 de l'angle droit). Cette portée est de trois à quatre mille mètres selon la température.

Hausse

La hausse est un appareil situé sur la partie postérieure du canon, destiné à marquer et à retrouver à volonté l'inclinaison qu'il faut donner à la ligne de tir, pour obtenir telle ou telle portée.

Guidon

Le guidon est un petit morceau de fer aminci en forme

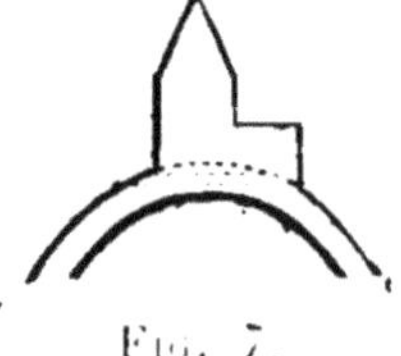

Fig. 7.

de couteau et soudé dans le plan vertical passant par l'axe du canon.

Cran de mire

On nomme cran de mire une entaille faite à la partie postérieure du canon, sur une ar-

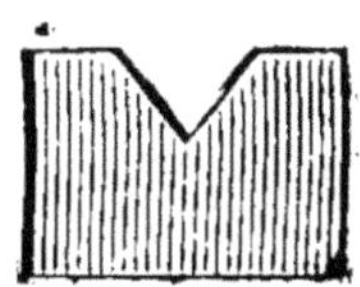

Fig. 8.

Fig. 8 bis.

mature en fer et dans le plan vertical passant par l'axe du canon. Le curseur de la hausse, dont nous parlerons, en est également muni.

Ligne de mire

On nomme ligne de mire la ligne droite partant du fond du cran de mire et passant par le sommet du guidon.

Pointage

Le pointage d'une arme consiste à mettre exactement dans le prolongement de la ligne

de mire un troisième point, qui est le but à
atteindre.

But en blanc

Le but en blanc est le point où la trajectoire coupe la ligne de mire. La distance de
ce point à la bouche du canon s'appelle portée
de but en blanc.

Angle d. mire

On nomme angle de mire l'angle que forme
la ligne de mire avec la ligne de tir.

Flèche

On entend par flèche la hauteur du point le
plus élevé de la trajectoire, au-dessus du
plan horizontal passant par l'axe du canon.

Les points les plus élevés des trajectoires
sont toujours *plus rapprochés du but que du
tireur*, de quantités variant avec la distance
et la manière dont le projectile conserve sa
vitesse.

Dans la pratique cependant, on mesure les
flèches à mi-distance du but et du tireur et

l'on arrive à très peu près de leurs hauteurs réelles.

Tension de la trajectoire

On dit qu'une trajectoire est plus tendue qu'une autre, quand elle se rapproche davantage de la ligne de mire.

Plus la trajectoire est tendue, plus long est le trajet pendant lequel le projectile atteindrait le but, s'il se rapprochait ou s'il s'éloignait du tireur.

Zone dangereuse

On nomme zone dangereuse, l'espace pendant lequel un but mobile, se déplaçant selon la trajectoire d'un projectile pourrait être atteint par lui.

EXERCICE II

Qu'appelle-t-on *canon*, *calibre*, *axe du canon* ?
Que nomme-t-on *ligne de tir*, *angle de tir*, *plan de tir* ?
Qu'entend-on par *portée* ?
Qu'est-ce que la *hausse*, le *guidon*, le *cran de mire* ?
Qu'est-ce que la *ligne de mire* ?
Qu'est-ce que le *pointage* ?

Qu'est-ce que le *but en blanc?*
Qu'est-ce que *l'angle de mire?*
Qu'entend-on par *flèche,* par *trajectoire plus tendue
ou moins tendue?*
Qu'appelle-t-on *zone dangereuse?*

Le maître devra s'attacher à faire *faire* au tableau, par ses élèves, des tracés à l'appui des définitions qu'ils donnent verbalement.

CHAPITRE III

L'ARME DE GUERRE

Conditions que doit remplir l'arme de guerre.
— Déviation. — Dérivation. — Le projectile. — Le canon. — La hausse. — La
cartouche.

Nous venons de voir que, plus un fusil aura
une trajectoire tendue, plus son effet sera
meurtrier.

Sa portée et sa pénétration doivent être le
plus grandes possible ; son poids doit être
assez léger pour ne pas trop fatiguer l'homme
qui aura à le porter et à le manier parfois
pendant toute une journée ; son calibre ne doit
pas être trop fort, pour que le poids des cartouches ne soit pas trop grand, et que le soldat puisse en transporter un grand nombre ;
elle doit être d'un mécanisme assez simple
pour qu'il ne soit pas exposé à devenir facilement hors de service ; il doit être, en plus,
solide et facile à tenir propre.

Bien que légère, l'arme doit avoir assez de

poids pour atténuer en partie le recul qui se produit au moment où le projectile quitte le canon.

Plus l'arme est légère, la charge forte et le projectile lourd, plus le recul est puissant.

Déviation

Quelque bien construite que soit une arme de guerre, les projectiles qu'elle lance, du même point au même but, avec des charges à très peu près identiques, n'ont pas une précision égale et des écarts ou déviations sont constatés dans le tir.

Les causes de déviations sont régulières ou accidentelles ; régulières quand elles sont occasionnées par un défaut de symétrie de l'arme, ou par l'influence des rayures ; accidentelles quand elles tiennent, soit à un accident dans la construction de l'arme, soit aux cartouches, soit aux circonstances atmosphériques, soit enfin au tireur.

Dérivation

Les rayures que l'on a pratiquées dans l'arme pour imprimer au projectile un mouvement de rotation qui le maintient dans sa direction première, exerce sur lui une autre action ; elles le déplacent dans le sens de sa rotation.

On appelle ce déplacement la *dérivation*.

La dérivation du fusil du modèle 1866-1874, rayé de *droite à gauche*, se fait vers la gauche, c'est-à-dire que le projectile frappe *à gauche* de la ligne de mire.

Le mousqueton d'artillerie, rayé de *gauche à droite* porte le projectile *à droite* de la ligne de mire.

Le projectile

La conservation de la vitesse d'un projectile augmentant avec son poids, la probabilité d'atteindre un but rapproché augmente avec le poids de la balle et la tension de la trajectoire ; mais le recul augmente avec le poids de la balle et la vitesse qu'on lui imprime.

L'expérience a démontré qu'une balle de plomb de 25 grammes réunit les conditions de vitesse et de portée les plus avantageuses pour une arme qui, comme la nôtre, n'est pas trop lourde et n'a pas un recul trop fort. Elle est allongée, afin, présentant moins de surface à l'air, de conserver plus longtemps sa vitesse.

De cet allongement de la balle, permettant de lui donner un grand poids, est résulté la réduction du calibre.

Le canon ayant alors une très grande épaisseur, devenait apte à supporter de très fortes charges de poudre.

En raison de l'allongement de la balle et pour maintenir l'axe de ce projectile dans le sens de la trajectoire qu'il doit suivre, après avoir quitté le canon, on a dû lui imprimer un mouvement de rotation très rapide, au moyen de rayures en hélice, pratiquées dans la longueur du canon.

L'expérience a prouvé que la longueur des projectiles se moulant dans les rayures ne doit pas dépasser trois fois leur diamètre.

Le canon

Le canon est fait en acier puddlé fondu ; il comprend le canon proprement dit et la boîte de culasse.

Sa longueur totale est de 820^{mm}5. La longueur de la partie rayée à parcourir par la balle est de 760^{mm}5 ; la boîte de culasse ou chambre a donc 60^{mm} de longueur.

Son calibre, mesuré sur la partie saillante des rayures est de 11 millimètres.

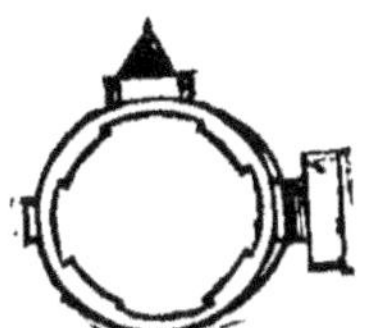

FIG. 9.

Les rayures, qui commencent à l'extrémité antérieure de la boîte de culasse se poursuivent jusqu'au bout du canon. Leur pas est uniforme ; il est de 0^m55 (1) ; leur profondeur de $0^{mm}25$; les creux sont égaux aux reliefs.

La chambre, espace creux destiné à recevoir la cartouche, se termine en rejoignant le canon, par un tronc de cône logeant la balle et aboutissant aux rayures, qui doivent lui imprimer son mouvement de rotation.

Les rayures se dirigent de droite à gauche et sont au nombre de quatre.

La hausse

Sur le canon, à sa partie postérieure, se trouve l'appareil de hausse. Il se compose du pied de la hausse qui est brasé sur le canon et dans lequel est fixé au moyen d'une vis un ressort plat, en acier.

Sur ce pied, on remarque la *planche de hausse* montée à charnière de façon à pouvoir

---

(1) On nomme pas d'une vis ou d'une hélice la distance qu'elle a à parcourir pour faire un tour complet. Quand on dit que le pas de la rayure dont nous parlons est de 0^m55, cela signifie qu'elle accomplit un tour dans une longueur de 55 centimètres.

se rabattre soit en avant, soit en arrière, ou se tenir verticalement, maintenue qu'elle est lors-
qu'on l'a placée dans cette position, par le res-
sort plat dont nous venons de parler.

Une pièce mo-
bile, appelée cur-
seur, se déplace à volonté le long de la planche de hausse. Un petit ressort placé

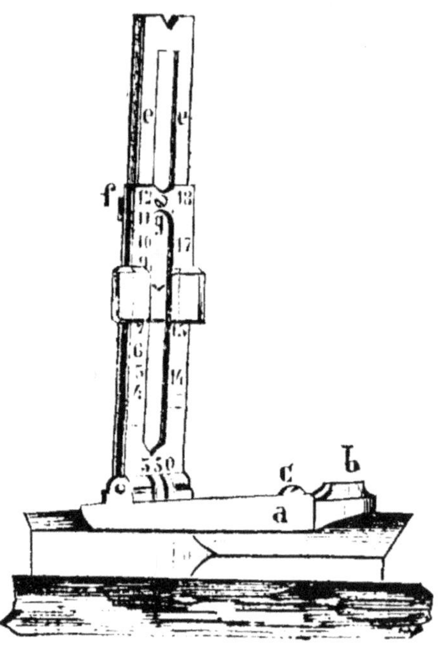

Fig. 10.

entre le curseur et la planche, force celui-ci à rester à l'endroit où on l'a placé; l'arrêtoire que l'on rencontre à la partie supérieure est destiné à limiter le mouvement du curseur. Lorsqu'on rabat la planche en avant, le cran de mire qui se présente à sa base est celui de 200 mètres; le cran de mire que l'on remarque au bas de la planche levée est celui de 350 mètres.

La planche porte sur la gauche de la fente, à travers laquelle on aperçoit l'objet à ajuster, des traits indicateurs des distances de 400,

500, 600, 700, 800, 900, 1000, 1100 et enfin à sa partie supérieure le cran de mire de 1300 mètres.

Des deux côtés de la planche on remarque des traits indicateurs pour les distances variant de 25 en 25 mètres ; ils sont tracés à gauche de la fente pour les distances de 400 à 1200 mètres et à droite pour celles de 1400 à 1800. Au sommet de la planche mobile se trouve l'arrêtoire du curseur.

Le curseur à rallonge, situé en arrière de la planche mobile de la hausse et glissant contre elle avec le curseur qui la commande, s'y trouve maintenu par un ressort faisant pression, qui le maintient dans la direction de son appui.

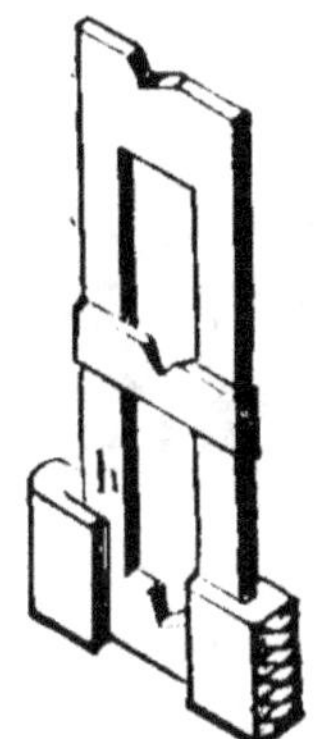

Le côté droit de la planche mobile porte les divisions pour les distances de 1400 à 1800 mètres. A partir de 1400, on fait passer

Fig. 10 bis.

la ligne de mire par le cran de mire du curseur à rallonge.

La cartouche

La cartouche se compose d'un étui en laiton destiné à recevoir l'amorce, la poudre et une

partie de la balle. L'amorce est une petite capsule en cuivre rouge remplie de fulminate.
Elle est placée dans le fond de l'étui, sur une
saillie ou enclume, percée de deux trous, pour
la mettre en communication avec la poudre.
Une tige d'acier, nommée percuteur et faisant
partie du mécanisme du fusil, la frappe pour
l'enflammer.

Le poids de la poudre est de 5 gr. 25.

La balle pèse 25 grammes.

La poudre est séparée de la balle par une
rondelle ou bourre en feutre gras, comprise

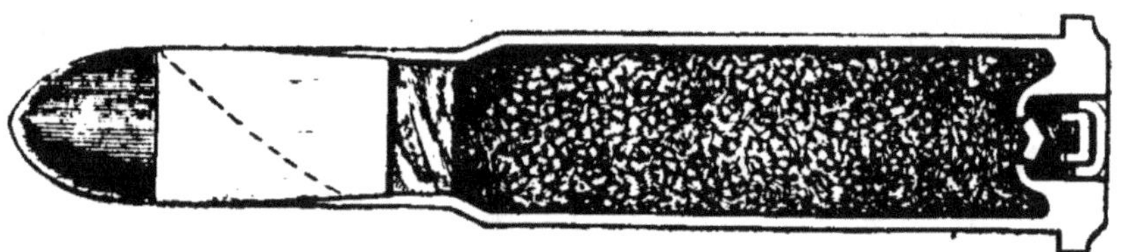

Fig. 11.

entre deux autres rondelles, qui sont en carton glacé et de l'épaisseur de $0^{mm}6$.

La bourre grasse nommée lubrificateur est
destinée, en plus de sa fonction de bourre, à
nettoyer l'arme à chaque coup. La balle est
en plomb pur comprimé. Elle a la forme d'un
tronc de cône légèrement arrondi à sa partie
antérieure.

Sa base porte un petit évidement, dans
lequel on loge un petit tortillon de papier
formé avec une partie du losange-enveloppe

destiné, tant à permettre d'assujettir la balle

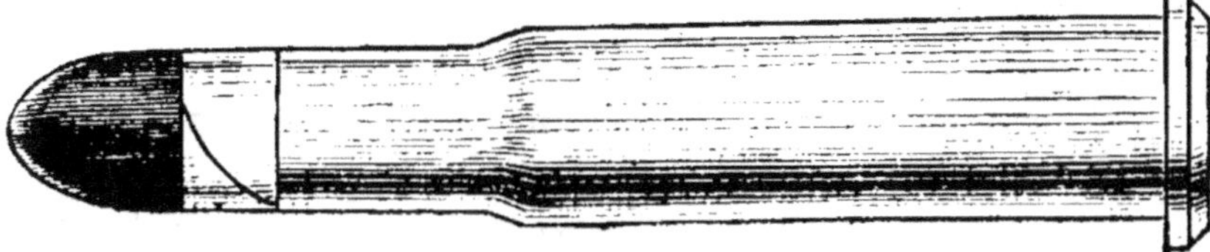

Fig. 11 *bis*.

dans l'étui, qu'à empêcher son contact avec les rayures qu'elle plomberait.

La cartouche construite ainsi et appliquée au fusil d'infanterie, modèle 1874, imprime à la balle une vitesse d'environ 430 mètres par seconde.

La zone dangereuse est de près de 300 mètres. Tirée sous un angle de 30°, sa portée maxima est de 3000 mètres, selon la température.

EXERCICE III

Quelles conditions de poids et de direction doit-on s'efforcer de donner au projectile afin d'augmenter le plus possible les chances pour atteindre le but qu'on veut frapper?

Quelles sont les causes susceptibles d'augmenter le recul?

Quels sont le poids et la forme de la balle du fusil modèle 1874, ou fusil Gras?

Pourquoi a-t-on donné cette forme à la balle?

Quelles ont été les conséquences de la réduction du calibre ancien?

Quelle est la longueur maxima que l'on peut donner à un projectile se moulant dans les rayures d'une arme?

Pourquoi, au moyen des rayures, imprime-t-on un mouvement de rotation au projectile? Parlez de la déviation, de la dérivation et de leurs causes.

II

Comment et en quel métal est construit le canon?

Quelle est sa longueur totale, celle de la partie rayée, ou canon proprement dit, celle de la boîte de culasse?

Quel en est le calibre? Comment mesure-t-on le calibre d'une arme rayée?

Quelle est la fonction de la chambre du canon?

Quelle en est la forme?

Quels sont : le nombre, la profondeur des rayures et leur direction?

Parlez de la hausse, de sa construction, de sa graduation et de son fonctionnement.

III

De quoi se compose la cartouche? Comment est-elle construite? Comment est-elle chargée?

Quels sont : le poids de la poudre, le poids de la balle?

De quoi se compose la bourre? Le lubrificateur a-t-il encore une autre fonction que celle de bourre?

En quel métal est la balle et quel procédé emploie-t-on
pour lui donner le plus de *poids* et le moins de *volume* possible?

Quelle est, par seconde, *la vitesse de la balle sortant
de la cartouche*, construite comme il vient d'être dit,
et appliquée au fusil d'infanterie (modèle 1874)

Quelle est l'étendue de la *zone dangereuse* pendant le
tir au premier but en blanc (200 mètres)?

Sous quel angle faut-il tirer le fusil modèle 1874, pour
obtenir sa portée maxima? De combien est-elle environ? Quelle est la cause qui peut la faire varier?

CHAPITRE IV

LE MÉCANISME

Le mécanisme. — Boîte de culasse. — Le cylindre. — L'extracteur. — Le percuteur. — Le ressort à boudin. — Le manchon. — Le chien.

Nous avons vu que le canon se termine par un *bouton fileté*, ou, pour être plus clair, par un pas de vis extérieur.

Cette disposition a pour but d'attacher solidement le *tonnerre* au canon, au moyen d'un écrou extérieur.

Le bouton fileté est taillé en biseau dans sa partie supérieure, de façon à y laisser la place nécessaire à la griffe de l'extracteur, qui doit saisir le bourrelet de la cartouche pour la retirer.

L'écrou, dans la partie correspondante à l'extracteur, est taillé de manière à servir de point d'appui à la branche supérieure du ressort qui forme l'extracteur.

Boîte de culasse

La *boîte de culasse* est la partie faisant suite au tonnerre, qui se termine à la partie postérieure du bouton fileté.

C'est elle qui contient les pièces du mécanisme, c'est-à-dire celles qui, tout en provoquant le départ du coup de feu, permettent à l'homme qui se sert du fusil, soit de le laisser désarmé, soit, lorsqu'il est chargé, de le maintenir au cran de sûreté duquel il ne peut partir ; soit de l'armer complètement pour tirer, quand il le juge convenable.

Sur le *côté droit* de la culasse mobile, est pratiquée la place nécessaire à la réception d'une vis, appelée *vis-arrêtoir de la culasse mobile*, qui, comme son nom l'indique, est destinée à empêcher la *culasse mobile* de sortir de la *boîte*.

Au fond, on remarque une vis, c'est la *vis éjecteur*. La tête en saillie sert de pivot au mouvement de bascule qui doit jeter dehors l'étui vide de la cartouche, retiré du tonnerre par l'*extracteur*.

A la partie inférieure se trouve fixé l'*appareil de détente*.

Il se compose d'un ressort gâchette, dont la tête fait saillie dans l'intérieur de la boîte, pour maintenir le chien à l'*armé*, et d'une détente qui sert à faire disparaître la tête de gâchette, pour laisser passer le chien accomplissant son mouvement de départ en avant.

La boîte de culasse contient la culasse mobile composée de sept pièces, savoir :

Le cylindre,
La tête mobile,
L'extracteur,
Le percuteur,
Le ressort à boudin,
Le manchon,
Le chien.

Le cylindre

Le cylindre est la pièce de fermeture proprement dite, qui arrête dans le tonnerre de l'arme la cartouche appuyée contre la tête mobile.

Il est percé de part en part dans sa longueur et présente dans l'intérieur un logement pour le percuteur et le ressort qui entoure ce dernier.

A l'extérieur se trouve le *renfort*, qui sert à assurer la *direction de la culasse mobile* tout entière.

Son objet principal est d'*assurer la ferme*

48

ture du canon, en venant s'engager dans l'échancrure de cette boîte de culasse. Il sert en outre d'embase, autrement dit de base au levier de manœuvre.

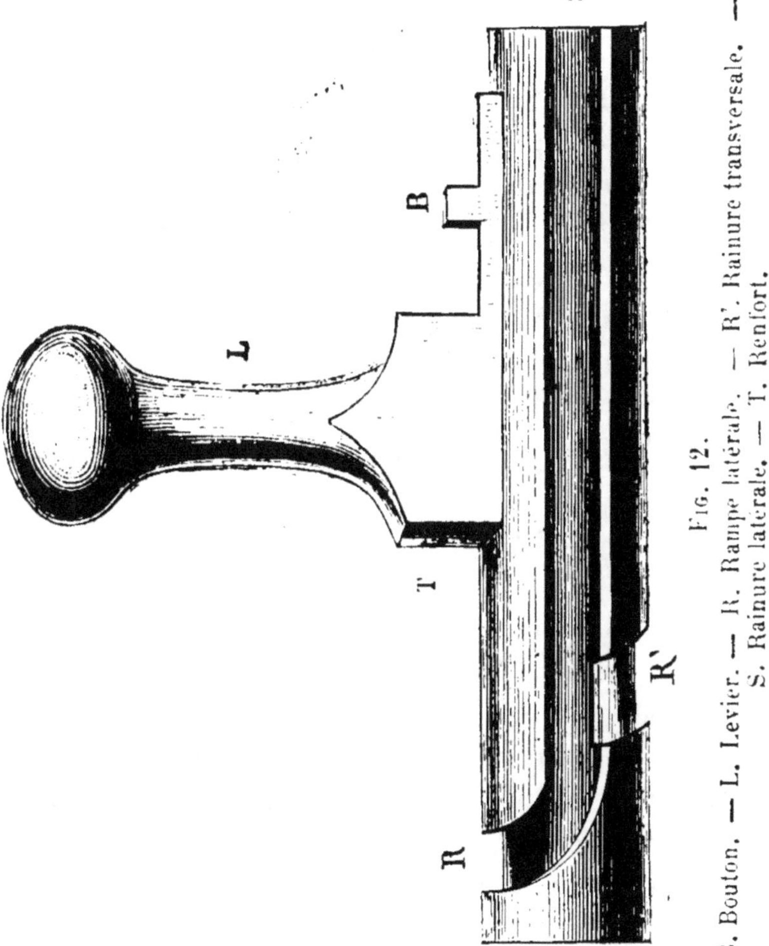

Fig. 12.

B. Bouton. — L. Levier. — R. Rampe latérale. — R'. Rainure transversale. — S. Rainure latérale. — T. Renfort.

En avant du renfort se trouve un *bouton en saillie* qui doit s'engrener dans le logement qui lui correspond *sous la queue du renfort de la tête mobile* de manière que ces deux pièces soient maintenues ensemble et obéissent solidairement au mouvement qu'on leur imprime.

Près du bouton, on remarque une nervure creuse qui règne entre le renfort et le bouton, puis se prolonge en avant.

Elle a pour utilité *d'empêcher le déversement du cylindre vers la droite*, de même que le *bouton* tombant dans son logement l'*empêche de se déverser à gauche*.

Sur la paroi extérieure du cylindre, on a pratiqué deux rainures.

Considérons-les, le levier étant relevé verticalement.

L'une, la rainure inférieure, sert de passage à la tête de gâchette ; l'autre, la rainure latérale dans laquelle se meut la vis-arrêtoir, en assure la fonction.

Vers sa partie postérieure, cette seconde rainure est coudée à angle droit, suivant une surface hélicoïdale en rapport avec *la surface hélicoïdale de la boîte de culasse*.

Ces deux rainures communiquent entre elles par une *rainure transversale* qui sert de passage à la *vis-éjecteur*, dans *le mouvement de rotation du cylindre*.

A la partie postérieure du cylindre, on re

marque une *entaille*, dans laquelle s'engage
le coin d'arrêt du chien, lorsqu'il se porte en
avant pour produire la percussion.

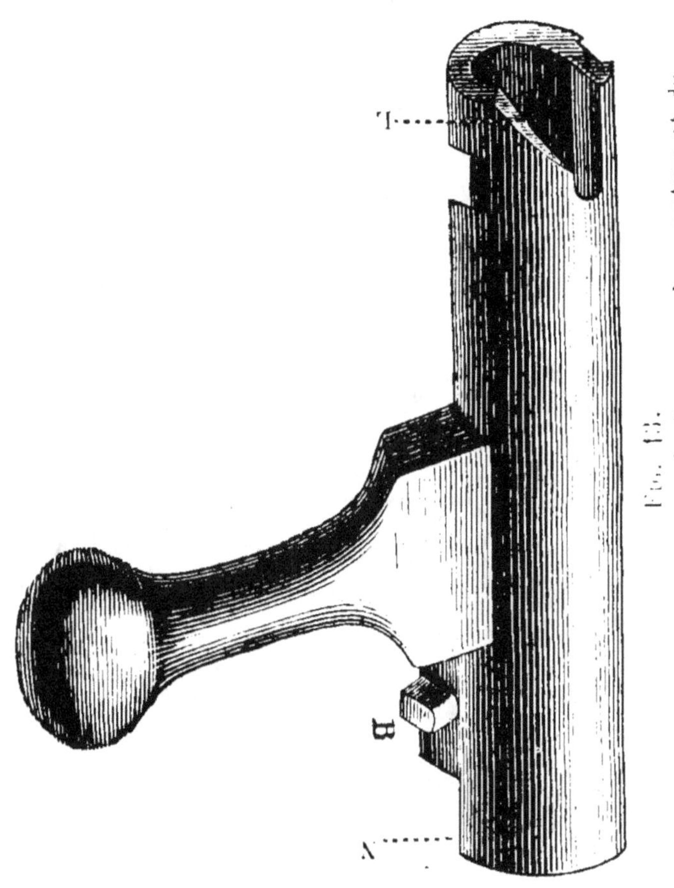

Fig. 43. — B. Bouton. — N. Nervure. — L. Logement du percuteur et du ressort à boudin.

Le côté droit de cette entaille a la forme d'une
rampe hélicoïdale ; en s'appuyant sur une
rampe semblable du coin d'arrêt, elle fait *reculer le chien* et produit automatiquement

son armé, lorsqu'on tourne le levier de droite à gauche pour ouvrir la culasse.

A l'extrémité antérieure de cette rampe, se trouve un évidement arrondi, qui n'a aucune fonction dans le mécanisme, et est seulement nécessaire pour la fabrication mécanique de cette partie du cylindre.

Sur la tranche postérieure, à côté et à droite de l'entaille, se trouve un cran, dit *cran de l'armé*, dans lequel pénètre la pointe du coin d'arrêt et qui a pour objet de maintenir le chien au bandé pendant la manœuvre de la culasse mobile.

Le corps du cylindre ne remplit pas entièrement la boîte de culasse ; c'est à l'aide de la tête mobile dont le collet s'engage dans l'intérieur du cylindre, que celui-ci acquiert la longueur nécessaire pour donner appui au culot de la cartouche.

Tête mobile

La *tête mobile* sert à donner appui par sa *tranche antérieure*, — autrement dit, par son extrémité antérieure, — au culot de la cartouche et à loger l'extracteur.

Elle se compose d'un corps *sensiblement*

cylindrique et de même diamètre que le cylindre, se prolongeant en arrière par un *collet.*

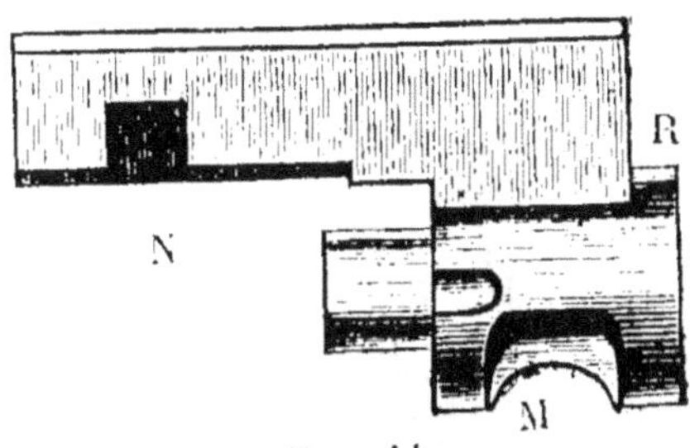

Fig. 14.

M. Rigole. — N. Logement du bouton. — R. Renfort.

Elle est percée suivant son axe d'un *canal pour le passage du percuteur.*

Ce canal est de forme *circulaire* en avant et *ovale* en arrière.

Le percuteur, comme nous le verrons plus loin, ayant une forme pareille à celle du canal de la tête mobile, ces deux pièces ne peuvent tourner l'une sans l'autre autour de l'axe.

La partie de la tête mobile qui sert d'appui au culot de la cartouche a la forme d'une cuvette ; elle sert à emboîter la partie posté-

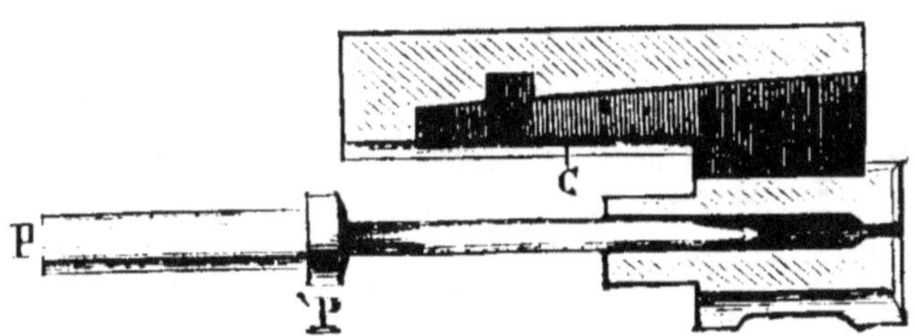

Fig. 15.

P. Percuteur engagé dans la tête mobile, le chien étant à l'armé. C. Logement de l'extracteur.

rieure de la cartouche. L'espace libre compris entre la tranche du canon et le fond de cette cuvette, s'appelle *feuillure.*

La *feuillure* est destinée à loger le bourre-let de la cartouche.

Sur le pourtour de la *tête mobile*, on re-

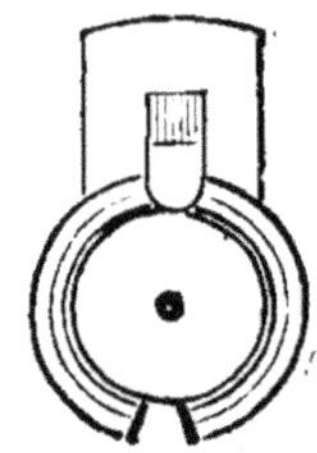

Fig. 16.

Fig. 17.

Tête mobile

Vue de l'avant.　　　Vue de l'arrière.

marque trois rainures. La rainure inférieure, qui fait suite à la *rainure inférieure du cylindre* a la même destination que cette dernière : elle sert au passage de la *vis-éjec-teur*.

La *rainure latérale*, faisant suite à celle du cylindre, sert au passage de la *vis-arrétoir*. Une troisième rainure ou *rigole*, plus avancée que les deux premières vers la cuvette et située entre ces deux premières, sert à l'échap-pement des gaz qui, dans le cas de la rupture du culot de la cartouche se précipitent du côté de la culasse mobile.

A la partie supérieure de la tête mobile, se trouve un renfort qui se prolonge par une queue, évidée pour former le logement de l'extracteur.

Sur le côté droit de la queue on a pratiqué une mortaise. Elle est destinée à recevoir le bouton du cylindre de façon à relier ces deux pièces qui doivent se mouvoir ensemble, lorsqu'on ouvre le tonnerre.

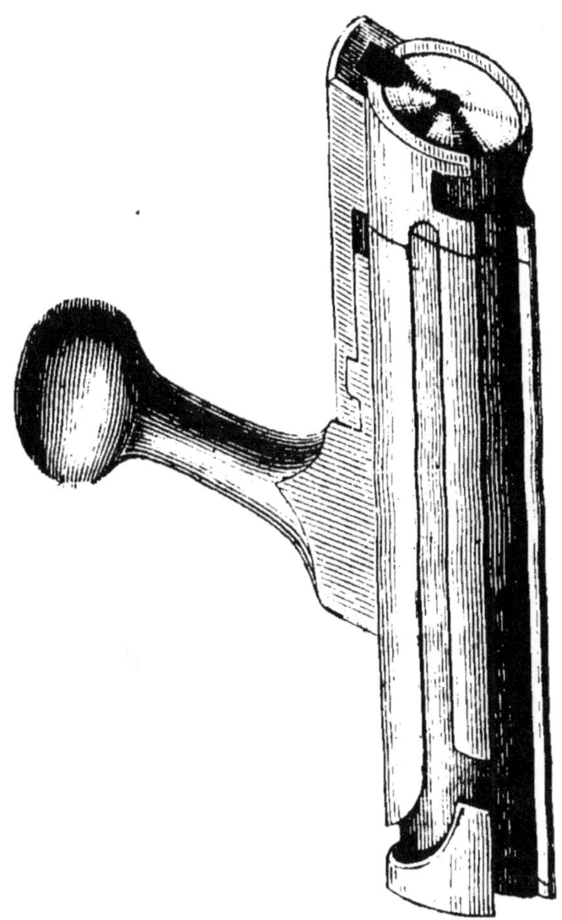

Fig. 18.
Rainures du cylindre et de la tête mobile réunies.

La surface inférieure de la queue de la tête mobile, est de la même forme que celle du cylindre qu'elle suit, sans pourtant le toucher, de façon à pouvoir vibrer aux détonations de l'arme sans se rompre.

Extracteur

L'extracteur est formé par un ressort à deux branches. A la partie postérieure de la branche supérieure se trouve un pivot qui s'engage dans un logement qui lui est ménagé dans la queue du renfort de la tête mobile et relie l'extracteur à celle-ci.

La branche inférieure porte une *griffe* pour saisir le bourrelet de la cartouche. Le devant de cette griffe est taillé en biseau, de façon à s'introduire facilement dans l'emplacement qui lui est réservé entre l'écrou et le bouton fileté.

La branche supérieure de l'extracteur se termine dans la partie qui joint l'écrou, par une surface inclinée, en rapport avec celle de l'écrou, contre lequel elle doit glisser dans le mouvement de fermeture du tonnerre par la tête mobile.

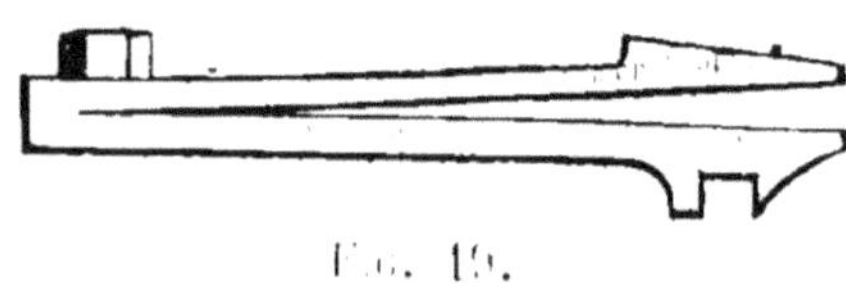

Fig. 19.

Dans le mouvement de fermeture, cette double disposition permet à la griffe de passer aisément par-dessus le bourrelet de la cartouche, tandis que la branche supérieure comprimée en glissant sur le plan incliné, contre l'écrou, sur lequel elle s'appuie, réagit sur la branche inférieure. En ce moment, le ressort-extracteur se trouve tendu. La pression de sa branche inférieure sur la tête mobile, rend impossible tout ballottement de celle-ci.

Dans tous les mouvements de la culasse mobile, la tête mobile est maintenue, soit par le bouton du cylindre, qui l'empêche de se déverser à gauche, soit par la nervure creuse, située entre le renfort et le bouton, qui l'empêche de se renverser à droite ; elle forme, avec l'extracteur, un ensemble qui se trouve toujours dans la direction du logement de l'extracteur, dans la boîte de culasse.

L'extracteur se place à la main dans la tête mobile où sa position est fixée par son pivot, ainsi que par l'appui qu'il peut prendre sur la surface du cylindre lorsque ces trois pièces qui constituent l'appareil de fermeture et d'extraction sont assemblées.

Percuteur

Le *percuteur* est une tige en acier de $7^{mm}1$ de diamètre ; il présente à la partie antérieure

un épaulement, sur lequel agit le ressort à
boudin, appuyé contre le fond du cylindre,
pour lancer le percuteur en avant.

La pointe est légèrement cylindro-conique.
Elle traverse la tête mobile, et quand le res-

Fig. 20.

sort à boudin se détend, elle vient frapper de
sa pointe l'amorce de la cartouche.

Entre la pointe du percuteur et l'épaulement, se trouve un *méplat ovale* qui pénètre
dans le logement correspondant de la tête
mobile.

La longueur de cette partie est telle, qu'elle
ne peut sortir de son logement dans la tête
mobile, lorsque le percuteur est entrainé en
arrière, en mettant le chien *à l'armé*.

L'utilité du méplat se mouvant dans un
canal ovale, est d'empêcher le percuteur de
prendre un mouvement de rotation autour de
son axe.

La partie du percuteur qui fait suite à l'épaulement est cylindrique et son extrémité taillée
en forme de T, pour recevoir le manchon qui
doit le réunir au chien.

Ressort à boudin

Le *ressort à boudin* est fait avec un *fil d'a-
cier* de 1^{mm}5 de diamètre *enroulé en hélice* et
faisant vingt tours sur soixante-quinze millimètres de longueur. Il prend son point d'ap-

Fig. 21.

pui contre le cylindre et se détend en avant,
poussant devant lui le percuteur, qui entraîne
le chien à sa suite.

Lorsque le chien est à l'armé, le ressort à
boudin comprimé entre l'épaulement du percuteur et son point d'appui sur le cylindre
exerce un effort de 13 kilogrammes environ.

Manchon

Nous avons vu que le percuteur se termine
à sa partie postérieure par une échancrure lui
donnant la forme d'un T. Le manchon est
destiné, comme nous l'avons dit, à relier le
chien au percuteur.

A cet effet, il porte à sa partie antérieure,

une échancrure en forme de T, qui emboîte hermétiquement le T qui termine le percuteur.

En conséquence de cette disposition, il possède deux ailettes, venant s'engager dans un logement qui leur est ménagé dans la partie postérieure du chien.

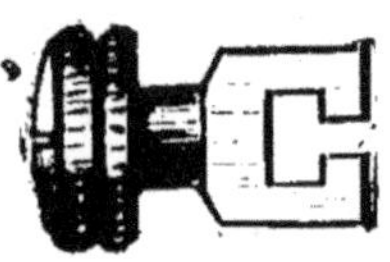

Fig. 22.

Celui-ci ne peut donc plus, dans les mouvements de manœuvre, se séparer du percuteur, auquel il obéit.

Le manchon est terminé en arrière par un bouton plus large que lui, dont les cordons sont molletés pour permettre de le saisir plus facilement.

Au milieu de ce bouton, se trouve une fente de repère, qui sert à guider pour le montage et le démontage de la culasse mobile.

Chien

Le *chien* est percé d'un canal cylindrique destiné au passage du percuteur, qui s'assemble avec lui au moyen du manchon dont nous venons de parler.

A la partie postérieure du chien, on a pratiqué une chambre cylindrique, qui reçoit les deux ailettes du manchon. On a supprimé

dans deux points, diamétralement opposés,
la *cloison postérieure*, pour placer les ailettes

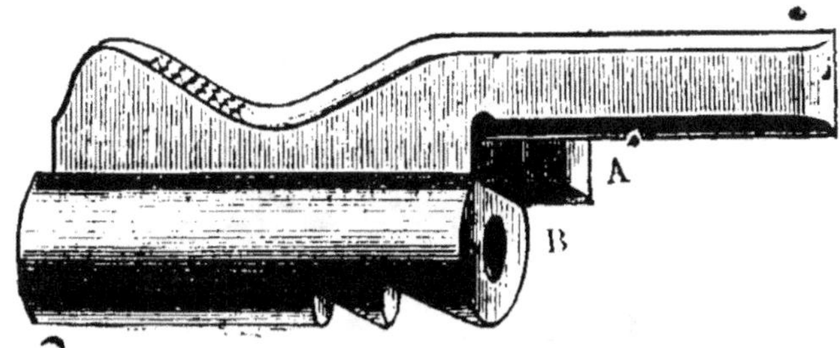

Fig. **23.**
A. Coin d'arrêt. — B. Canal du percuteur.

dans leur logement vis-à-vis des parties con-
servées de la cloison, en les faisant tourner
de 90°.

Au-dessus de la partie cylindrique, se trouve
le *renfort* qui la dépasse en avant. C'est ce
renfort qui doit guider le chien dans les divers
mouvements que la culasse mobile peut prendre dans la boîte de culasse.

Au-dessus du renfort, on remarque le coin
d'arrêt qui s'engage dans l'entaille correspondante du cylindre, lorsqu'on met le chien à
l'abattu. L'un de ses côtés est taillé en rampe
hélicoïdale, correspondant à l'entaille qui se
trouve dans le cylindre.

A l'extrémité de cette rampe se rencontre
un léger évidement demi-cylindrique. Il n'a
aucune fonction dans le mécanisme et n'existe
que pour cause de nécessité de construction
dans la fabrication du chien.

Le renfort se termine en arrière par une
gorge ménagée pour placer le pouce, dans les

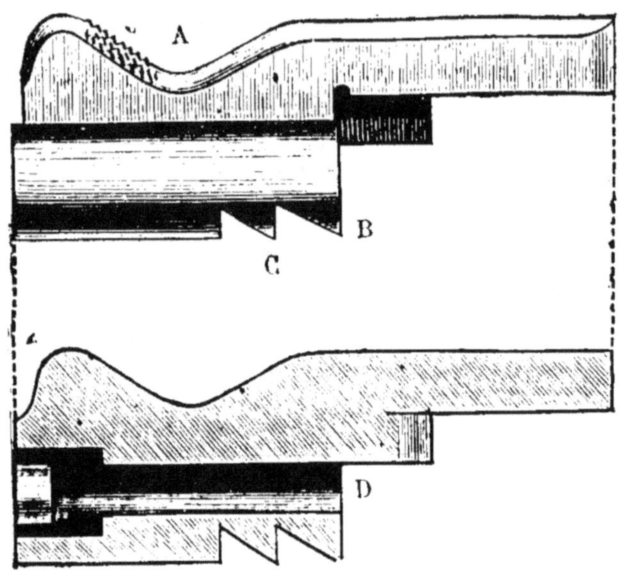

Fig. 24.

A. Gorge. — B. Cran de repos. — C. Cran de l'armé. — D. Canal
du percuteur. — E. Logement du collet du manchon.

mouvements où il doit soutenir le chien et par
une surface quadrillée, qui permet de le maintenir.

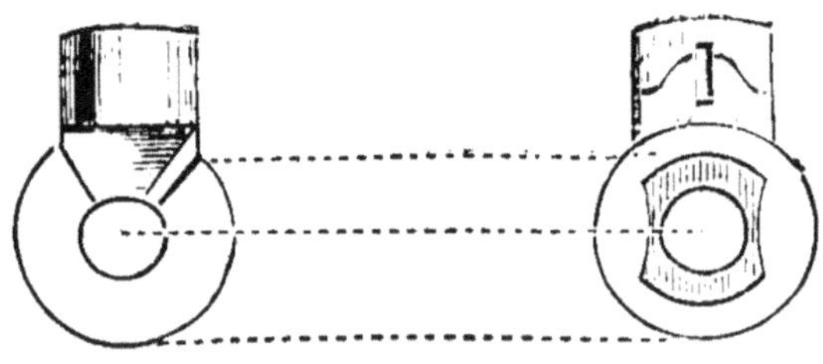

Fig. 25 et 26.

En arrière de la crête du chien, on a tracé

une fente, qui doit se trouver, comme ligne de repère, en face de celle du bouton du manchon, qui fixe le percuteur au chien, lorsqu'on veut séparer ces deux pièces.

A la partie inférieure du chien, on remarque deux crans : le *cran de sûreté* et le *cran de l'abattu*. La partie antérieure des crans est taillée en plans inclinés sur lesquels glisse la tête de gachette.

EXERCICE IV

Du mécanisme

I

Qu'est-ce que la boîte de culasse? Quelle est sa position quant au canon?

Qu'est-ce que la *vis-arrêtoir* de culasse mobile? Où est-elle située? Quelle est sa fonction?

Qu'est-ce que la vis-éjecteur? Où est-elle placée? Quelle est son utilité?

Qu'est-ce que l'*appareil de détente?* De quoi se compose-t-il et quelle est la fonction de chacune de ses pièces?

De combien de pièces se compose *la culasse mobile* contenue dans la boîte de culase? Nommer ces pièces.

II

Qu'est-ce que le *cylindre*? Quelles sont ses fonctions? Quelles sont les détails de sa construction?

Parler des *rainures* que l'on remarque le long du cylindre et de l'utilité de chacune d'elles en particulier.

A quoi sert l'*entaille* qui se trouve à la *partie postérieure du cylindre* et quelle en est la forme?

Quel rôle joue dans le mécanisme *le cran* que l'on remarque à côté et à *droite de l'entaille?*

Quelle est la pièce qui sert de prolongement au cylindre, pour remplir la *boîte de culasse?*

III

Indiquer quelle est la forme de la *tête mobile*, quelles sont les rayures que l'on y remarque et leur correspondance avec celles du cylindre.

Quels sont dans la *tête mobile* les deux formes du *canal* qui le traverse et sert à loger le *percuteur?*

Quelle utilité a le *renfort* qui se trouve à la *partie supérieure de la tête mobile*, et à quoi sert la queue de ce renfort?

IV

Indiquer comment est construit l'*extracteur*, comment il fonctionne et agit, soit dans le mouvement de *fermeture du tonnerre par la tête mobile, soit lorsqu'on ouvre la culasse.*

V

Qu'est-ce que le *percuteur?* Indiquer sa construction, sa longueur et sa forme.

Quelle est l'utilité du *méplat* et quelle est la forme du canal dans lequel il se meut.

Quelle est la forme de la partie postérieure du percuteur?

Quelle est l'utilité de l'*entaille en* **T** qu'on y remarque?

VI

Quels sont la longueur du *ressort à boudin* et le *diamètre du fil d'acier* qui forme ce ressort? Où prend-il son point d'appui?

Quelle est son action dans le mouvement de départ?

A quelle pesée correspond l'effort qu'il exerce?

VII

Indiquer ce que c'est que le *manchon*, quelle est l'utilité de cette pièce et quelle en est la forme.

VIII

Indiquer quelle est la construction du *chien ?*

Quelle est l'utilité du canal qui le traverse?

A quoi sert la chambre cylindrique que l'on remarque à sa partie postérieure? En indiquer la forme.

Quelle est l'utilité du *renfort* qui se trouve au-dessus et en avant de la partie cylindrique du chien?

Qu'est-ce que le *coin d'arrêt ?* Où est-il situé? Où s'engage-t-il lorsqu'on met *le chien à l'abattu ?*

Quelle est, *dans le cylindre*, la correspondance de *la rampe hélicoïdale* taillée sur l'un des côtés du *coin d'arrêt ?*

Comment se termine le renfort à sa partie postérieure et quelle est l'utilité de cette disposition?

Quels sont les deux crans que l'on rencontre à la partie inférieure du cylindre du chien?

CHAPITRE V

MONTURE DU FUSIL

Monture du fusil. — Le fût. — La poignée.
— La crosse. — Logements et encastrements qu'elle recèle. — Ses parties en
relief : Garnitures. — L'embouchoir. — Le
ressort d'embouchoir. — Grenadière. —
Sous-garde. — Battant de crosse. — Plaque de couche. — Épée-baïonnette.

Nous venons de nous occuper du canon et
du mécanisme de l'arme, passons maintenant à la monture et aux pièces qui la com-
posent.

La *monture* relie les pièces de l'arme. Elle
comprend trois parties :

1° le *fût*,

2° la *poignée*,

3° la *crosse*.

Le *fût* contient le logement du canon et de
la boîte de culasse.

La *poignée*, partie comprise entre le fût et

la crosse, sert à saisir le fusil, soit pour le tir, soit pour le maniement de l'arme.

La *crosse* est la partie inférieure du bois, élargie à sa base, pour répartir le choc du recul sur une plus grande surface de l'épaule.

Les pièces de l'arme sont logées ou encastrées dans la monture. Les logements ou encastrements ont exactement la forme des pièces logées ou encastrées et portent les noms des pièces.

On a ainsi :

Le logement du canon ;

Le logement de la boîte de culasse ;

Le logement du ressort-gâchette ;

Le logement du tenon de recul ;

Le logement de la queue de culasse ;

Les logements des ressorts d'embouchoir et de grenadière ;

L'encastrement de la sous-garde ;

L'encastrement de l'embase du battant de crosse ;

L'encastrement du devant de la plaque de couche ;

Le canal de la baguette.

Plusieurs pièces traversent le bois ; les trous ménagés à cet effet portent le nom de la pièce qui les remplit.

On a ainsi :

Le trou pour le *passage de la détente ;*

les *trous* des *vis du pontet*, de la *boîte de culasse*, du *battant de crosse* et de *la plaque de couche*.

Enfin les ressauts extérieurs et les angles en saillie, portent les noms suivants :

L'épaulement de l'embouchoir :

L'embase de la grenadière

Le *busc* qui raccorde la crosse à la poignée :

Le *bec de la crosse* du côté de la sous-garde ;

Le *talon* du côté opposé.

Garnitures

BAGUETTE. — La baguette sert à laver le canon et à décharger l'arme.

Sa *tête* présente un *trou fraisé* à la partie supérieure pour le démontage et le remontage de la culasse mobile et, sur le côté, une fente.

L'autre extrémité de la baguette est filetée, afin qu'on puisse pour la fixer solidement, la visser dans un taquet-écrou ménagé à l'extrémité antérieur de la feuille du pontet. La fente que nous remarquons sur le côté de la tête de la baguette, permet l'introduction d'une lame de tourne-vis, pour aider à visser solidement celle-ci au taquet-écrou. Le bout fileté sert aussi à visser le *lavoir* à la baguette.

L'EMBOUCHOIR — fixe le canon sur le bois

près de la bouche, et maintient la baguette dans son canal. Il contourne exactement le canon et le bois ; les coulisses portent sur le bord du fût ; *l'entonnoir* forme l'entrée du canal de la baguette.

Le corps de l'embouchoir a, en avant, une *échancrure* pour le passage du tenon et du guidon ; il est terminé en bec du côté inférieur.

Ressort d'embouchoir. — Le ressort d'embouchoir maintient l'embouchoir sur le fût. Il porte d'un côté une *goupille* pour le fixer au bois, et, du côté opposé un *pivot* qui s'engage dans l'embouchoir.

Grenadière. — La *grenadière* maintient le canon dans le milieu de sa longueur et porte l'un des battants auxquels s'attache la bretelle. Elle est maintenue en place par le *ressort de grenadière*, fixé au bois en sens inverse du ressort d'embouchoir, mais par le même moyen, c'est-à-dire par une goupille faisant corps avec le ressort.

Le *battant de grenadière* est fixé sur un pivot, au moyen de deux rosettes et d'un rivet qui sert d'axe de rotation au battant.

Sous-garde. — La *sous-garde* est la réunion du *pontet* et de la *pièce de détente*.

La pièce de détente porte la *bouterolle* servant d'écrou à la vis de culasse. Elle est percée d'une *fente*, dans laquelle se meut la détente et qui empêche la dégradation du bois.

Le *ponlet* couvre la détente, il s'applique contre le bois par deux pattes, que l'on nomme la *feuille antérieure* et la *feuille postérieure*. Chacune d'elles est fixée dans son encastrement par une vis à bois.

La feuille antérieure porte le *taquet-écrou* dont nous avons parlé plus haut, dans lequel se visse le bout fileté de la baguette.

BATTANT DE CROSSE. — Le *battant de crosse*, semblable au battant de grenadière, est fixé à son pivot de la même manière.

L'embase qui porte le pivot, est encastrée dans la crosse et maintenue par deux vis à bois.

PLAQUE DE COUCHE. — La plaque de couche préserve l'extrémité de la crosse. Elle est recourbée à angle droit, pour entourer le talon de la crosse qui pose à terre, lorsqu'on met l'arme au pied. Le *devant* de la plaque de couche est encastré dans la crosse et fixé par une vis à bois.

Le *dessous* simplement appliqué contre la monture est serré par une deuxième vis à bois.

On ne doit les dévisser qu'en cas de nécessité absolue, pour éviter de dégrader le bois autour de la vis.

Épée-Baïonnette

L'épée-baïonnette, substituée au sabre-baïonnette, qui donnait un poids trop grand au bout du canon, comprend trois parties : la *lame*, la *monture*, et le *fourreau*. La monture se subdivise elle-même en deux parties : la *poignée* et la *croisière*. Sur la poignée, qui est garnie de deux *plaquettes* en noyer, se trouvent fixés le *poussoir* et son *ressort*, qui servent à maintenir l'épée-baïonnette au bout du canon.

La croisière porte d'un côté *la douille*, dans laquelle on engage le bout du canon et de l'autre, le *quillon*, qui sert à former les faisceaux

Le *fourreau* en tôle d'acier est bronzé. Il contient deux *battes* rivées, qui maintiennent la lame. Le *pontet* sert à fixer le fourreau au ceinturon qui le supporte.

EXERCICE V

Indiquer le nom *des pièces de la monture du fusil* et les désigner sur l'arme même, en faisant mention de l'utilité de chacune d'elles.

Indiquer le nom *des pièces de garniture* et les désigner sur l'arme même, en mentionnant l'utilité de chacune d'elles.

Parler de l'épée-baïonnette, en indiquer toutes les parties et leur utilité.

CHAPITRE VI

FONCTIONNEMENT DU MÉCANISME LORSQU'ON RECHARGE UNE ARME

Décharger l'arme. — Fonctionnement du mécanisme pendant cette action. — Décharger l'arme sans faire feu. — Faire feu.

Nous supposons que *le coup vient de partir et que le tonnerre est fermé*.

Nous voulons recharger l'arme.

Pour ouvrir le tonnerre, il faut tourner franchement le levier de droite à gauche et retirer sans brusquerie la culasse mobile en arrière, jusqu'à ce que la tête mobile soit arrêtée par la vis arrêtoir. Ces deux mouvements ont pour résultat d'armer le chien et d'expulser l'étui de la cartouche tirée.

En relevant le levier, le cylindre tourne indépendamment des autres pièces. Dans ce mouvement de rotation, la rampe hélicoïdale du cylindre, vient agir contre la rampe du chien. Mais le chien s'appuyant par son renfort sur le côté gauche de la fente de la boîte de culasse, ne peut suivre le mouvement de rotation du cylindre et la pression oblique qu'il reçoit de la rampe hélicoïdale se traduit par un mouvement de recul de cette pièce.

Dans ce mouvement en arrière, *le chien entraine le manchon et le percuteur en comprimant le ressort à boudin d'une quantité égale à la saillie du coin d'arrêt* (11^{mm}).

Le *coin d'arrêt* tombe alors *dans le cran de l'armé* et les trois renforts sont dans le prolongement l'un de l'autre. De plus, la rainure latérale du cylindre glissant sur l'extrémité de la vis-arrêtoir, le cylindre prend lui-même un mouvement rétrograde assez sensible (environ 4^{mm}).

D'un autre côté, le bouton du cylindre venant engrener la tête mobile, celle-ci se trouve entraînée par le cylindre, ainsi que l'extracteur. En raison de ce mouvement, qui s'opère lentement, l'étui de la cartouche qui est saisi par la griffe de l'extracteur se détache de la chambre ; et si cette dernière ne présente pas de bavures, l'extraction s'effectue facilement.

Le chien a donc un double mouvement rétrograde par rapport à la boîte de culasse ; celui qui provient de l'armé automatique par la rampe hélicoïdale et celui qui provient du recul que prend le cylindre.

Par suite de cette double action, le chien doit reculer suffisamment pour dépasser la tête de gachette, qui a successivement glissé sur les deux plans inclinés de la partie inférieure du chien. Toutefois, pour un certain nombre d'armes, on est obligé de faire reculer légèrement la culasse mobile et d'amener le chien en arrière de la tête de gâchette.

Le levier étant alors relevé, on ramène la culasse mobile en arrière, jusqu'à ce que la vis-arrêtoir butte contre l'extrémité de la rainure latérale qui se trouve sur la tête mobile.

L'étui de la cartouche est entraîné et vient s'appuyer par sa partie inférieure contre la vis-éjecteur; attiré à la partie supérieure par la griffe de l'extracteur, il pivote autour de la vis-éjecteur, se dégage et est projeté en dehors de la boîte de culasse.

On introduit alors la cartouche.

Pour fermer le tonnerre, il faut pousser la culasse mobile en avant et tourner franchement le levier pour le rabattre complètement à droite.

Les effets qui se produisent dans ce mouvement sont les suivants :

Pendant le mouvement en avant de la culasse mobile, le devant de la griffe de l'extracteur pousse la cartouche dans la chambre, si elle n'y est déjà complètement introduite. La rampe de la fente latérale du cylindre rencontre bientôt la vis-arrêtoir, et le cylindre ne peut plus dès lors avancer qu'à la condition de tourner, condition favorable à la sécurité du tireur; car l'action sur l'arrière de la cartouche se fait sans brusquerie et en cas de départ prématuré, la projection du verrou en arrière serait en partie arrêtée par la butée du renfort contre la boîte de culasse.

Dans la première partie de la rotation à droite, le coin d'arrêt se dégage du coin de l'armé et se porte en avant, jusqu'à ce que le chien soit arrêté par la tête de gâchette. Le chien, prenant alors son point d'appui sur la tête de gâchette, le cylindre qui tend à se rapprocher de lui sous l'action du ressort à boudin, vient par son renfort prendre appui sur le rempart de la boîte de culasse. En continuant le mouvement de rotation, le cylindre avance en achevant de bander le ressort, l'entaille du cylindre vient se placer en face du coin d'arrêt et la tête mobile est poussée à fond.

Les branches de l'extracteur ayant pénétré dans leur logement, maintiennent la tête mobile dans sa direction, et le bouton du cylindre l'abandonne en tournant. De plus, la branche supérieure de l'extracteur glisse sur le plan incliné supérieur de ce logement et se bande légèrement ; la griffe de la bande inférieure, franchissant le bourrelet de la cartouche, vient reposer sur la partie inclinée de ce logement pratiqué sur le canon.

En agissant sur la détente, la tête de gâchette qui maintient le chien à l'armé, se dégage au point de ne plus faire saillie dans la boîte de culasse ; le chien devenant libre, le ressort à boudin agit sur le percuteur, qui entraîne le manchon et le chien.

La pointe du percuteur dépassant à *l'abattu* la tranche de la tête mobile, atteint l'amorce et détermine l'inflammation de la cartouche. Sa course en avant est limitée par la butée du chien contre le cylindre.

Cran de sûreté

Le cran de repos permet de conserver l'arme chargée sans cependant laisser le chien à la position du bandé. Il sert aussi, et c'est son usage le plus fréquent, de cran de repos pour le ressort-gâchette.

Il y a deux manières de mettre le chien au cran de sûreté, suivant qu'il est préalablement à l'abattu ou au bandé.

Pour mettre le chien au cran de sûreté en partant de la position de l'abattu, il suffit de relever le levier jusqu'au moment où on entend la gâchette tomber dans le cran de sûreté,

Dans le cas où l'arme est chargée et le chien au bandé, il faut amener *le renfort du cylindre dans le prolongement du pan intermédiaire de la boîte de culasse;* puis, la main gauche placée sur la boîte de culasse, engager le bout des doigts dans l'échancrure, pour empêcher le levier de se rabattre complètement à droite ; ensuite appuyer légèrement sur la détente avec le premier doigt de la main droite et accompagner le chien en le soutenant avec le pouce, de manière qu'en abandonnant la détente, la tête de gâchette tombe dans le cran de sûreté et y soit arrêtée.

La position du cran de sûreté est déterminée de telle sorte que, l'arme étant chargée, si l'on provoque le départ du chien de cette position, le percuteur n'ait plus à parcourir qu'une distance de $1^{mm}5$ environ, pour atteindre l'amorce de la cartouche, course insuffisante pour faire détoner la capsule, d'autant plus que le ressort n'est pas complètement tendu.

Le chien étant au cran de sûreté, pour faire feu il faut le mettre au cran du bandé, en relevant franchement le levier, pour faire passer entièrement le chien derrière la tête de gâchette et le rabattre ensuite à droite.

Le chien étant au cran de sûreté, pour le remettre à l'abattu, il suffit de presser la détente et d'achever de rabattre le levier à droite s'il ne l'était déjà, ou s'il ne s'est pas complètement rabattu, par l'effet de la pression du coin d'arrêt sur la rampe hélicoïdale du cylindre.

Le chien étant à l'armé, pour décharger l'arme sans faire feu, faire glisser la main gauche le long du bois, ouvrir le tonnerre sans brusquer le mouvement; placer le pouce de la main gauche au-dessus de l'échancrure de la boîte de culasse, pour empêcher la cartouche de tomber à terre; prendre la cartouche de la main droite et la remettre dans la giberne. Opérer de la même manière pour empêcher l'étui vide d'être projeté à l'extérieur lorsqu'on ouvre le tonnerre.

Si la cartouche résistait à sortir du canon, *après s'être assuré que le percuteur ne sort pas de la tête mobile*, poser la crosse à terre entre les pieds, l'arme un peu inclinée en avant, tirer la baguette, l'introduire dans le canon, la laisser tomber sur la cartouche en ouvrant la main, pour éviter toute chance d'accident; remettre la baguette.

EXERCICE VI

I

Le coup tiré, recharger l'arme (1)

Extraire l'étui vide en amenant en même temps le
chien à l'armé.

Quel mouvement doit-on effectuer? Quelles en sont les
conséquences sur l'étui vide resté dans la chambre de
l'arme?

Expliquer comment cet étui se trouve saisi et retiré.

Quelle est la pièce du mécanisme qui en provoque
l'expulsion ?

Indiquer comment agit la vis-éjecteur. Quels mouvements se produisent dans le mécanisme pendant
l'extraction et l'expulsion de l'étui vide? Expliquer
comment l'action de relever le levier et d'amener la
culasse mobile en arrière imprime au chien un
double mouvement de recul et l'amène à l'armé.

II

Remplacer l'étui vide expulsé par une cartouche pleine

La cartouche chargée introduite dans la chambre, quels
mouvements doit-on exécuter afin de la mettre défini-

(1) La première partie de la démonstration, doit se faire le fusil
en main contenant un étui de cartouche vide. La seconde partie,
relative au jeu des pièces de la culasse mobile, amenant le chien
à l'armé, doit avoir lieu, pour plus de clarté, au moyen de la culasse mobile seulement.

tivement en place, fermer le tonnerre et être prêt à faire feu. Mentionner l'action de l'extracteur sur la cartouche au moment de la charge.

En dehors de sa fonction ordinaire quelle garantie de sécurité la vis-arrêtoir donne-t-elle au tireur dans le mouvement de chargement, soit pour empêcher l'explosion de la cartouche au moment d'arriver en place dans la chambre, soit dans le cas d'explosion de la cartouche avant la fermeture du tonnerre?

Pendant que le tireur, tenant en main le levier, le pousse en avant, puis le rabat pour fermer le tonnerre, quel est le mouvement du cran d'arrêt? quelle est la pièce qui l'arrête et quel est le point d'appui du chien ?

Quelle action le ressort à boudin exerce-t-il sur le cylindre et où prend-il son point d'appui ?

Indiquer la position que prend, lorsqu'on rabat le levier, *l'entaille du cylindre*, par rapport au *coin d'arrêt* et le mouvement de la *tête mobile*.

Le tonnerie étant fermé, quelle est l'action des *branches de l'extracteur* sur la *tête mobile?*

Faire feu

Expliquer le jeu du mécanisme, au moment où le tireur presse la détente et fait feu.

Mettre l'arme au cran de repos. — Du repos à l'armé. — Du repos à l'abattu (1)

Le chien étant *au bandé*, indiquer comment on procède pour l'abaisser au cran de sûreté.

Le chien étant *à l'abattu*, indiquer comment on agit pour l'amener au cran de sûreté.

(1) Tous ces exercices doivent être expliqués et exécutés fusil en mains. Celui-ci en particulier doit être répété jusqu'à ce que l'élève soit arrivé à la sûreté absolue d'exécution.

Le chien étant au *cran de sûreté*, le ramener au cran
de l'*armé*.
Le chien étant au cran de sûreté, le mettre à l'*abattu*.

Décharger l'arme sans faire feu

Indiquer comment on doit opérer pour décharger
l'arme sans faire feu.

CHAPITRE VII

DÉMONTAGE ET REMONTAGE DE L'ARME

Le nécessaire d'armes

Chacun doit être à même de démonter et de remonter l'arme qu'il emploie. A cet effet, le soldat est muni de ce qu'on appelle un *jeu d'accessoires*, comprenant un *nécessaire d'armes*. Il se compose d'une *boîte* en tôle de fer, servant de manche de tourne-vis et contenant les ustensiles nécessaires à l'entretien de l'arme. Le *fond* brasé sur le corps de la boîte est percé d'une *fente rectangulaire*, dans laquelle on engage la lame du tourne-vis. Cette fente se prolonge dans un *tampon* en bois de cornouiller, appliqué sur le fond.

La boîte est fermée par un *huilier* qui est lui-même bouché par une vis. Une *rondelle en cuir* serrée par l'embase de la *vis-bouchon*, complète la fermeture.

Dans la boîte on renferme :

1° *Une lame de tourne-vis*, dont les bouts ont des dimensions différentes ;

2° *Une spatule-curette.*

Ces deux objets sont réunis dans une petite *trousse en drap.*

Le *lavoir* porte un trou taraudé, qui sert à le fixer au bout de la baguette. Il est percé d'une fente, dans laquelle on engage un chiffon pour laver l'arme ou pour essuyer ou graisser l'intérieur du canon. Dans le tir réduit, on emploie pour nettoyer l'âme du canon, après chaque série, une brosse écouvillon en crin, du diamètre du calibre et on a soin de l'huiler fortement.

Après le tir au moyen de la cartouche ordinaire, à défaut de lavoir, mais seulement dans le cas d'absolue nécessité on peut utiliser, dans le même but, la fente pratiquée dans la tête de la baguette.

DÉMONTAGE

Ordre suivant lequel on doit procéder au démontage :

1° *L'épée-baïonnette ;*

2° *La bretelle ;*

3° *La vis-arrétoir de culasse mobile.* — Ne

dévisser cette vis que de trois filets et la laisser engagée dans son trou ;

4° *La culasse mobile*. — Il faut presser sur la détente quand on retire la culasse mobile de la boîte ; la culasse mobile doit être retirée avec précaution, et la gâchette doit être suffisamment abaissée pour ne pas être rencontrée par la tête mobile.

La culasse mobile est ensuite démontée complètement, comme il est dit plus loin au paragraphe *démontage et remontage de la culasse mobile*.

Dans le remontage de l'arme, pour remettre la culasse mobile dans la boîte, on opère de la manière suivante : presser sur la détente et appuyer légèrement le levier à gauche dès que la tête mobile est engagée dans la boîte, de manière à éviter que l'arête antérieure de la nervure du cylindre ne butte contre l'arrête postérieure droite de la boîte de culasse. La culasse mobile en place et le levier rabattu à droite, mettre le chien à l'abattu et serrer la vis-arrêtoir.

5° *La baguette*. — Pour enlever la baguette, commencer par la dévisser, afin de dégager le bout fileté de son taquet-écrou ; si cela est absolument nécessaire, se servir pour dévisser la baguette de la lame du tourne-vis, qu'on introduit dans la fente de la tête de baguette ;

éviter de toucher le canon avec la lame du tourne-vis.

6° *La vis de culasse*. — Pour dévisser la vis de culasse, appliquer bien exactement la lame du tourne-vis dans la fente de la tête de la vis et l'y maintenir ferme pendant toute la rotation, de manière qu'elle n'échappe pas, ce qui pourrait occasionner des dégradations à la vis et aux parties voisines.

Dans le remontage, avoir soin de visser *à fond* la vis de culasse.

7° *L'embouchoir et la grenadière*. — Dans le démontage et le remontage des boucles, éviter avec soin les frottements, qui pourraient, à la longue, blanchir le canon ; éviter avec le plus grand soin de toucher le guidon.

Si les boucles ne peuvent être enlevées à la main, appliquer *sur le canon*, contre le bord inférieur de la boucle, un morceau de bois et frapper doucement dessus de bas en haut, en pressant en même temps sur le ressort et en évitant avec soin de frapper directement sur le canon et sur la boucle.

8° *Le canon*. — Pour détacher le canon du bois quand on a enlevé la vis de culasse et les boucles, il faut renverser l'arme dans la main gauche, la sous-garde en dessus, la bouche du canon vers la terre ; frapper ensuite avec la main droite sur la poignée jusqu'à ce que le canon soit détaché de son logement, et le maintenir avec les doigts de la main gauche, enlever le bois de la main droite.

Dans le cas d'absolue nécessité seulement, on démonte les pièces ci-après dans l'ordre suivant :

9° *Les vis de ressort-gâchette*. — Pour enlever le ressort-gâchette, commencer par dévisser la vis-arrêtoir de ressort-gâchette (c'est la plus petite des deux), puis la vis de ressort-gâchette.

Quand on aura dû enlever le ressort-gâchette, on aura soin, en le remettant en place, de bien serrer à fond les deux vis. En négligeant cette précaution, on court le risque de diminuer la saillie de la tête de gâchette sur le fond de la boîte de culasse et de ne plus donner un arrêt suffisant au chien.

10° *Le ressort-gâchette, et la détente.* — Ces deux pièces ne doivent jamais être séparées l'une de l'autre.

11° *Les deux vis de sous-garde et la sous-garde.* — La vis postérieure de sous-garde porte un coup de pointeau sur la tête.

Le pontet porte également un coup de pointeau près du trou de la vis postérieure.

Là s'arrête la nomenclature des pièces que l'on peut démonter soi-même.

Les suivantes doivent être nettoyées sur

place et, s'il devient nécessaire de les démonter, le soin de le faire doit être confié à un armurier. Ces pièces sont :

Les pièces de hausse, l'éjecteur, la goupille de détente, les ressorts de garnitures, le battant de crosse et ses vis, la plaque de couche et ses vis.

REMONTAGE

Le remontage s'opère dans l'ordre inverse de celui du démontage, c'est-à-dire en commençant par la dernière pièce démontée, en continuant par la précédente, et ainsi de suite jusqu'à ce que la première soit remise en place.

Observations

Il est interdit de frapper aucune pièce de l'arme avec le manche du tourne-vis ou tout autre objet en fer.

Toutes les vis et particulièrement les vis de culasse, doivent être serrées à fond ; il faut engager à la main les premiers filets de vis chaque fois que cela est possible.

La lame du tourne-vis doit toujours être

entretenue en bon état et bien ajustée des deux bouts dans la fente du nécessaire, autrement on dégraderait promptement les têtes de vis en les vissant et les dévissant. *On ne doit jamais*, pour quelque cause que ce soit, *chercher à séparer le canon de la boîte de culasse.*

DÉMONTAGE ET REMONTAGE DE LA CULASSE MOBILE

Démontage. — 1° Saisir le levier entre le pouce et les deux premiers doigts de la main gauche, les doigts fermés, le cylindre en dessus, le chien à droite. Embrasser le corps du chien avec le pouce de la main droite et le premier doigt placé dans la gorge du chien, le pouce vers le corps. Faire effort des deux mains en tournant la main droite, pour dégager le coin d'arrêt du cran de l'armé, et conduire le chien à l'abattu.

2° Enlever la tête mobile.

3° Presser avec le pouce de la main droite sur la griffe de l'extracteur. En cas de difficultés seulement, appuyer la lame du tournevis contre la griffe de l'extracteur et presser sur le fond de l'entaille pour faire sortir le pivot de son trou.

4° Maintenir l'arme verticalement, la sous-garde en avant, la monture serrée entre les deux jambes, le canon appuyé contre le corps. Embrasser la culasse mobile avec la main gauche, le premier doigt dans la gorge du chien, le petit doigt sur le levier ; placer la pointe du percuteur dans le trou de la tête de baguette, le levier à droite ; embrasser la main gauche avec la main droite ; amener la fente de repère du manchon dans la fente de repère du chien. Faire effort des deux mains pour comprimer le ressort à boudin. Aussitôt que le manchon se trouve complètement en dehors du chien, dégager le manchon du T. Laisser le ressort se détendre librement.

5° Séparer le cylindre, le chien et le percuteur.

Observations

On peut, en cas de besoin, amener les deux fentes de repère du chien et du manchon dans le prolongement l'une de l'autre, en faisant tourner le méplat du percuteur à l'aide de la tête mobile dépourvue d'extracteur, dont on engage le collet dans le cylindre.

Avant de presser sur le ressort, il faut s'assurer que les deux fentes de repère sont bien dans le prolongement l'une de l'autre.

En cas de désaccord entre les fentes de repère, en même temps que l'on comprime le ressort, tourner convenablement le manchon avec la main droite jusqu'à ce qu'elle commence à se dégager du chien.

Au lieu de faire usage de la tête de la baguette pour le démontage de la culasse mobile, on peut encore appuyer la tête du percuteur sur un morceau de bois dur, placé sur le bord d'une table ; mais on ne doit jamais se servir d'une pierre ou de tout autre corps susceptible de dégrader la pointe du percuteur.

Le T du percuteur présente parfois une légère bavure, qui, lorsqu'on a retiré le manchon, peut rendre difficile la séparation du chien et du percuteur. Lorsque cette difficulté se produit, engager le méplat du percuteur dans le collet de la tête mobile dépourvue d'extracteur, puis à l'aide de la tête mobile, faire tourner doucement et alternativement dans les deux sens, le percuteur, qui se dégage alors facilement.

REMONTAGE DE LA CULASSE MOBILE

Le remontage de la culasse mobile s'opère dans un ordre inverse en observant les recommandations suivantes :

Assembler le cylindre, le ressort à boudin, le percuteur et le chien, la tranche antérieure du chien étant en contact avec la tranche postérieure du cylindre et le méplat du percuteur étant parallèle à la fente inférieure du cylindre.

Maintenir l'arme verticalement, la sous-garde en avant, la monture serrée entre les les deux jambes, le canon appuyé contre le corps.

Placer la pointe du percuteur dans le trou de la tête de la baguette, le levier à droite, la main gauche embrassant la culasse mobile, le premier doigt dans la gorge du chien, le petit doigt sur le levier. Saisir le manchon entre le pouce et le premier doigt de la main droite, prenant appui sur la main gauche et sur le levier. Dès que le T du percuteur se trouve entièrement en dehors du chien, engager le manchon dans le T. Agir sur le manchon pour l'amener bien en face de l'entrée de son logement, et laisser le chien remonter lentement. Introduire l'extracteur dans le logement de la tête mobile, le pivot du côté de son trou. Pousser l'extracteur avec la main droite, le pouce sur la griffe de la branche inférieure, le premier doigt sur le plan incliné de la branche supérieure. Presser en même temps avec le pouce de la main gauche sur le talon de l'extracteur, pour faire engager le pivot dès qu'il arrive à la hauteur de son trou.

Tenir la tête mobile entre le pouce et les deux premiers doigts de la main droite, le deuxième doigt appuyant sur le plan incliné de la branche supérieure de l'extracteur pour maintenir l'extracteur à fond dans son logement. Enfoncer le collet de la tête mobile dans le cylindre. Faire tourner la tête mobile pour amener son renfort dans le prolongement du renfort du chien.

Saisir le levier entre le pouce et les deux premiers doigts de la main gauche, les doigts fermés, le cylindre en dessus, le chien à droite.

Embrasser le corps du chien avec le pouce de la main droite et le premier doigt placé dans la gorge du chien. Faire effort des deux mains en tournant la main droite pour conduire le coin d'arrêt au cran de l'armé.

Achever, si cela est nécessaire, de placer le renfort de la tête mobile dans le prolongement du renfort du cylindre.

Observations

Lorsqu'on agit sur le manchon pour l'amener bien en face de l'entrée de son logement, il est nécessaire, pour éviter d'être surpris par une brusque détente du ressort à boudin, de maintenir ce ressort comprimé et de ne le laisser se détendre que très lentement.

Pour le remontage de la culasse mobile, au lieu de se servir de la tête de baguette, on peut, comme nous l'avons dit dans l'article du démontage, appuyer la pointe du percuteur sur un morceau de bois dur.

Lorsqu'on introduit l'extracteur dans la tête mobile, il faut, si le pivot vient à dépasser son trou, agir sur le talon de l'extracteur pour le ramener vers l'avant.

Si l'on ne maintenait pas l'extracteur à fond dans son logement, en appuyant sur la branche supérieure, la mise en place de la tête mobile pourrait, dans certains cas être arrêtée par le cylindre.

Si, avant d'armer la culasse mobile, le renfort de la tête mobile avait d'abord été amené dans le prolongement du renfort du cylindre, le mouvement d'armer pourrait être gêné par le percuteur.

(1) Nous recommandons aux instructeurs scolaires d'employer toujours la même arme pour démontrer et pratiquer le démontage et le remontage.

Cette opération ne doit être faite avec les autres que lorsqu'il y a nécessité.

Nous ferons la recommandation contraire aux instructeurs des bataillons civiques ; chacun devant nettoyer son arme, doit être habitué à elle.

EXERCICE VII

Indiquer le nom et l'emploi des différents instruments
du nécessaire d'armes employés dans le remontage et
l'entretien du fusil.

Indiquer l'ordre selon lequel s'opère le démontage, tel
qu'il a lieu ordinairement; c'est-à-dire de neuf parties seulement. Indiquer l'ordre dans lequel on le continue lorsqu'il y a nécessité de pratiquer le démontage à fond; c'est-à-dire de onze parties de l'arme.

Désigner les pièces que le porteur de l'arme ne doit
jamais démonter lui-même et les inconvénients qu'il
y aurait à le faire.

Démontage de la culasse mobile. — Indiquer dans quel
ordre et comment il s'opère.

Indiquer l'ordre de remontage des pièces de la culasse
mobile d'abord, du fusil ensuite.

Enfin, parler des règles générales et des précautions à
prendre pour démonter et remonter le fusil.

CHAPITRE VIII

ENTRETIEN DE L'ARME

Précautions générales à prendre. — Nettoyage de la culasse mobile. — Nettoyage de la monture, des pièces de fer non rouillées. — Des pièces rouillées non bronzées. — Des pièces bronzées rouillées. — Des pièces en cuivre. — Aspect qu'elles doivent présenter les unes et les autres, l'arme étant nettoyée.

Après le tir, laver le canon. A cet effet, le séparer de la monture. Après avoir fixé au bout fileté de la baguette le lavoir, dans lequel on passe une bande de linge de 3 centimètres de longueur environ, plonger la bouche du canon dans l'eau contenue dans un baquet en bois, pour ne pas dégrader le canon, ou dans un vase au fond duquel on place une planchette en bois, enfoncer le lavoir par le tonnerre et imprimer à la baguette un mouvement de va-et-vient. Changer l'eau et continuer jusqu'à ce que tous les résidus de poudre soient enlevés. Faire égoutter le canon en le plaçant la bouche en bas. Remplacer le linge mouillé par un linge sec et essuyer l'âme du canon, jusqu'à ce qu'il ne reste plus d'humidité. Graisser ensuite l'intérieur du canon avec un morceau de drap imprégné de graisse. Mettre une goutte d'huile à la charnière de la hausse, à la goupille de détente, à la tête de gâchette et généralement à toutes les pièces qui subissent des frottements.

Précautions à prendre

Lorsque l'on introduit le lavoir dans le canon par le tonnerre, éviter avec le plus grand soin de toucher le bord du chanfrein et particulièrement celui de l'aminci de l'entrée de la chambre, afin de ne pas y occasionner des bavures, qui nuiraient à la facilité du chargement et au retrait des étuis après le tir.

Le logement de l'extracteur doit être nettoyé avec soin, afin d'assurer le fonctionnement régulier à l'extracteur.

Il faut éviter que l'eau atteigne la hausse, à cause de la difficulté de l'essuyer convenablement à l'intérieur. Pour nettoyer la hausse, enlever la vieille graisse avec un linge et des curettes.

On ne doit nettoyer le ressort-gâchette qu'en le démontant et en l'enlevant du canon. Cette opération ne doit être faite que lorsqu'il ne fonctionne plus convenablement.

Nettoyage de la culasse mobile

C'est sur cette partie du nettoyage que l'attention doit le plus se porter.

Après le tir, démonter complètement la culasse. Ne laver la tête mobile et le cylindre que lorsqu'ils sont noircis par des crachements de poudre. Dans ce cas, après le lavage, les essuyer et les sécher complètement, tant à l'extérieur qu'à l'intérieur.

Nettoyer *les logements de la tête mobile et du cylindre*, avec des curettes en bois, ou avec la spatule-curette contenue dans le nécessaire d'armes.

Graisser légèrement ensuite les parties postérieures et extérieures de la culasse mobile. *Huiler les pièces soumises à des frottements* notamment *la griffe et le plan incliné, de la branche inférieure de l'extracteur, le canal intérieur de la tête mobile, les rampes du cylindre et du chien.*

Quand la culasse mobile est entièrement démontée, mettre une goutte d'huile à la

rampe de la boîte de culasse et faire fonction-
ner le mécanisme.

Nettoyage de la monture

Essuyer la monture avec un linge sec. Enlever la rouille qui pourrait s'être attachée
entre les pièces et leurs logements. Employer,
à cet effet, un linge imbibé d'huile.

Pièces en fer ou en acier non rouillées

Les frotter avec un linge sec.

Pièces non bronzées rouillées

Si les pièces ne sont que légèrement rouillées, les frotter avec un linge couvert de *brique brûlée*, pulvérisée et tamisée, délayée
dans de la graisse.

Si les pièces sont fortement rouillées, frotter
avec des curettes en bois couvertes d'*émeri
fin*, ou avec une brosse très rude. Essuyer les
pièces avec un linge sec, de façon à ne laisser
ni brique ni émeri dans les trous des vis, ni
autour des vis.

Pièces bronzées rouillées

Frotter ces pièces avec un linge graissé.
Les pièces bronzées sont susceptibles de rouiller, bien que moins facilement que celles qui ne le sont pas ; elles ont donc besoin aussi d'être graissées. Ne frotter le canon, la baguette et la lame du fourreau de l'épée, qu'appuyés à plat sur une table, autrement on risquerait de les fausser.

Pièces en cuivre

Nettoyer les pièces en cuivre avec du tripoli imbibé de vinaigre ou d'eau-de-vie, sur un linge ou sur un morceau de drap et *jamais* avec une brosse ou curette. Elles doivent être luisantes.

Les pièces en fer doivent rester mates. En aucun cas on ne doit employer le grès pour le nettoyage : il rayerait les pièces et les userait rapidement.

La totalité des pièces en fer d'une arme doit être passée à la pièce grasse ; on ne doit, au contraire, *jamais graisser les pièces en cuivre,* elles s'oxyderaient.

EXERCICE VIII

Indiquer la manière dont on doit procéder au nettoyage d'un fusil, pour le canon, la culasse mobile, la monture, les pièces en fer ou en acier rouillées ou non rouillées, enfin pour les pièces en cuivre.

Indiquer la matière et les instruments à employer pour le nettoyage de chacune des pièces principales et les précautions que l'on doit prendre en y procédant.

DEUXIÈME PARTIE

LE POINTAGE. — LES TROIS POSITIONS DU TIREUR. — LA CHARGE. — LA BUTTE DE TIR. — LES CIBLES ET LEURS ACCESSOIRES. — APPRÉCIATION DES DISTANCES. — ÉDUCATION DE L'OEIL. — ÉDUCATION DE L'OREILLE.

CHAPITRE Ier

LE POINTAGE

Le chevalet de pointage. — Pointage sur le chevalet en trois leçons. — 1re leçon : Manière de pointer. — 2e leçon : Constatation des erreurs du pointage. — 3e leçon : Correction de pointage. Rôle de la hausse démontré sur le chevalet. — Le coup porte du côté où penche l'appareil de pointage et plus bas que le point visé.

Pour que le tireur obtienne de son arme le maximum d'utilité, trois conditions sont nécessaires :

La première, de savoir parfaitement pointer ;

La seconde de conserver l'immobilité au moment de faire partir le coup ;

La troisième de presser la détente sans déranger le pointage.

La meilleure manière d'apprendre le pointage, c'est de le pratiquer sur le *chevalet*. On supprime ainsi la difficulté du maintien de l'arme dans une direction, et les défauts de pointage, facilement constatés, conduisent à des rectifications d'erreurs dont on a pu apprécier les causes.

Le *chevalet* est un instrument en bois, formé de trois parties: la *tête*, le *corps* et le *pied* (1).

La tête est une sorte d'étau en bois, destiné à enserrer l'arme et à la maintenir dans la direction qu'on lui a donnée au moyen d'une vis en bois qui rapproche ou éloigne à volonté ses mâchoires.

Elle occupe la partie supérieure du corps du chevalet, qui est un fût en bois.

Le pied, est à trois branches mobiles comme celui de l'équerre d'arpenteur; elles sont réunies au corps du chevalet, chacune par une vis. Elles peuvent par conséquent au gré de ce-

(1) Lorsqu'on aura les ressources nécessaires pour acquérir un chevalet, on devra préférer à tout autre celui employé par l'armée. (Règlement sur le tir, 1884, planche 17.)

lui qui emploie le chevalet, être écartées pour abaisser le sommet, ou resserrées pour le relever. Ce chevalet employé dans l'armée est à la fois *le plus simple et le moins dispendieux.* A défaut de cet instrument on peut se servir d'un sac rempli de terre légère.

1re LEÇON

Pour apprendre le pointage à l'élève, l'instructeur place un fusil sur le chevalet. Il rappelle que la *ligne de mire est celle qui passe par le fond de l'encoche ou cran de mire, et la tête du guidon.* Il fait observer cette ligne.

Il montre que, dans le tir, le but à atteindre doit se trouver exactement sur le prolongement de la ligne de mire. Il est en effet le troisième point de la ligne de mire prolongée qu'il arrête.

A cet effet, l'instructeur dirige la ligne de mire du but en blanc sur le bord inférieur d'un petit cercle de 2 *centimètres environ,* tracé sur une cible placée à 10 mètres du *chevalet.*

Il explique ensuite que, pour qu'une arme soit exactement pointée, *il ne suffit pas* seulement de mettre sur une même ligne droite, le cran de mire, la tête du guidon et le point à atteindre, mais, qu'il faut encore que *la hausse et le point de mire*, c'est-à-dire l'appareil de pointage, ne penchent ni à droite ni à gauche.

L'instructeur montre qu'il faut, pour bien pointer, avoir l'œil placé dans le prolongement de la ligne de mire en arrière de la culasse.

Il fait placer *l'élève*, la joue à la hauteur du busc de la crosse et sans la toucher, l'œil à la même distance de la hausse que celle à laquelle il se trouve, quand l'arme, supportée par le tireur, est réellement en joue. Il explique que, pour que le pointage soit bon, *le sommet du guidon doit apparaître au milieu du cran de mire, sans en dépasser la hauteur et affleurer le bord inférieur du noir de la cible exactement au-dessous de son centre* (1).

Pour arriver à conduire à ce résultat, l'instructeur place au-dessus du cran de mire une lame de couteau qui fait écran et ne permet de voir qu'à travers cette échancrure.

Il fait chercher par *l'élève*, placé comme nous l'avons indiqué, le guidon, son sommet affleurant la lame du couteau.

----

(1) On règle les armes de façon qu'en employant le pointage au bord du noir, au-dessous de son centre, pointage reconnu celui qui procure le plus de précision de tir, le projectile soit reporté au centre du noir. Lorsqu'on règle une arme au chevalet, on doit l'y assujettir par la poignée et non par le canon, la pression qu'on y exercerait ayant une influence sur la donnée. — Ne pas régler sur le chevalet de pointage les armes sujettes au recul.

L'élève aura ainsi trouvé la ligne de mire telle qu'il devra toujours la prendre avant de chercher à pointer. L'instructeur enlevant alors la lame qui fait écran entre le pointeur et le but, lui fait indiquer le point de la cible où vient aboutir la ligne de mire.

Après cette première expérience où le pointage a été préparé d'abord par l'instructeur et dans laquelle l'élève n'a fait qu'observer, l'instructeur dérange l'arme sur le chevalet pour changer la ligne de mire.

Il fait ensuite pointer de nouveau par l'élève lui-même, vérifie et rectifie le pointage. Cette observation sera répétée autant de fois qu'il y aura d'élèves.

De nombreuses erreurs de pointage se produisent, elles proviennent presque toutes de ce que la ligne de mire est mal prise.

Pour les rectifier l'instructeur déplace la lame de couteau au-dessous du cran de mire et fait recommencer le pointage par le même élève, en lui changeant sa ligne de mire, jusqu'à ce qu'il soit arrivé à une rigoureuse exactitude.

2e LEÇON

Malgré tous les soins que l'instructeur et ses élèves apporteront à cette première leçon, les erreurs de pointage seront encore nombreuses. Il est donc important que chacun puisse vérifier et retrouver les traces de celles qu'il aurait commises et par cette observation diminuer ses écarts.

À cet effet, l'instructeur place un fusil sur le chevalet avec une ligne de mire quelconque, aboutissant à une cible blanche, sans point de repère, placée à 10 mètres du chevalet.

Il désigne un élève qui, muni d'un petit disque de métal de 2 centimètres de diamètre percé d'un trou central et fixé à une tige également en métal, va près de la cible pour y accomplir le rôle de marqueur.

L'instructeur prescrit à un élève de faire placer par le marqueur et *sans toucher à l'arme*, le bas du disque métallique dans le prolongement de la ligne de mire.

Le pointeur, sans quitter la ligne de mire, indique en criant : *plus haut, plus bas, à droite à gauche*, dans quel sens le marqueur doit faire glisser le disque qu'il dirige. Lorsque le pointeur croit le disque bien placé, il crie : *marquez*.

Le marqueur fait alors passer la pointe d'un crayon dans le trou du disque et fait un point sur la cible. Le pointeur se relève, *puis toujours sans toucher l'arme*, recommence l'opération.

Le marqueur, de son côté, fait comme pré-

cédemment un point au centre du disque,
quand de nouveau le pointeur lui crie : *marquez*.

L'expérience est répétée une troisième fois
par le même pointeur. Un
troisième point est marqué
et les trois points obtenus
ainsi, sont reliés entre eux
par des lignes droites, qui
forment un triangle, dans
lequel on inscrit le nom

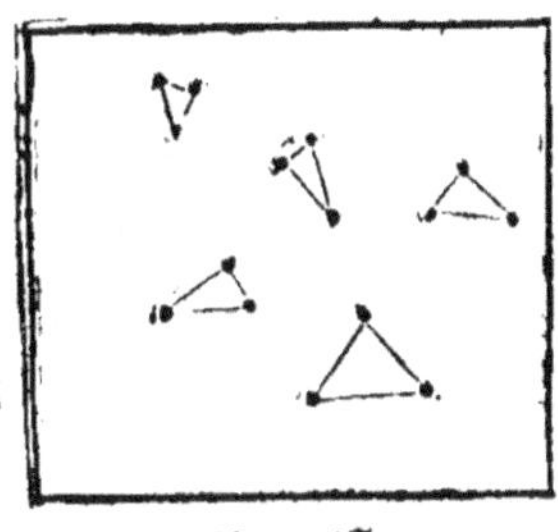

Fig. 27.

du pointeur. Celui-ci s'approchant de la
cible a donc aussi la facilité de se rendre compte
des erreurs de pointage que si, l'arme chargée, les coups étaient partis à sa volonté au
moment où il criait : marquez.

Chaque élève, à son tour, doit être appelé
à faire les trois expériences indiquées.

3ᵉ LEÇON

Correction de pointage

Nous avons parlé dans le chapitre III, aux
articles *déviation*, *dérivations*, des causes provenant de l'imperfection de l'arme, qui s'oppo-
sent à l'arrivée absolument exacte du projec-

tile au point que l'on vise. Il est rare que l'arme soit si parfaitement construite, que l'on puisse atteindre sûrement ce point.

Avec presque tous les fusils la correction de pointage est *la règle et non l'exception.*

Les meilleures carabines de tir sont munies d'appareils spéciaux qui ont pour but la correction de pointage (1). Mais ces appareils sont trop fragiles pour être adaptés à l'arme de guerre ; ils ne sont appropriés qu'à des armes maniées avec beaucoup de précautions et à l'abri de la pluie.

Certains fusils *éparpillent* leurs projectiles. Avec ceux-là il n'y a pas de correction à essayer: ils sont mauvais et ne peuvent être employés ni dans l'étude, ni dans la pratique du tir de précision.

D'autres au contraire groupent leurs projectiles avec régularité sur un point autre que celui qui est visé.

Il est facile, comme on va le voir, de corriger les résultats en rectifiant le pointage de ces armes.

En effet, supposons une cible ronde et une arme pointée sur le point central O, mais grou-

---

(1) Nous parlerons plus loin, à propos de la carabine Flober rayée, des appareils auxquels nous faisons allusion, de leur construction, de leur emploi et des avantages qu'ils donnent à l'usage des armes qui en sont munies.

pant ses balles régulièrement au point A, situé
à gauche et en haut du point O.

Il est évident que pour ramener la balle en
O, il faudra : 1° tirer à droite d'une distance
Ob égale à O'; 2° abaisser lepointage de la dis-
tance b B égale, égale à A a. Il faudra donc

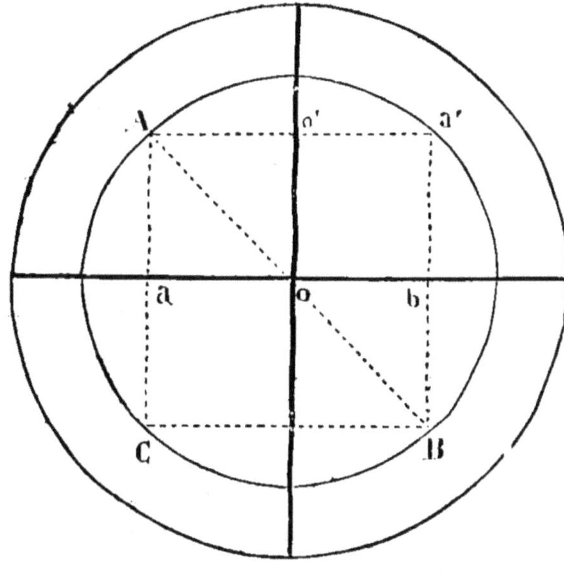

Fig. 28.

pointer en B extrémité de la ligne OB, égale à
OA, B étant le point symétrique de A.

La correction à opérer peut être démontrée
comme nous venons de le faire ; elle devra
être exécutée au tir selon le principe qui en
résulte, quand la déviation d'une arme est con-
statée.

RÔLE DE LA HAUSSE

Pour démontrer que la hausse sert à mesurer l'inclinaison qu'il faut donner à la ligne de tir, afin d'utiliser toute la portée de l'arme et la trajectoire du projectile, à atteindre le but à différentes distances supérieures au premier but en blanc : l'instructeur enlève la culasse mobile, démonte la tête mobile, l'entrée de la boîte de culasse, sur la tête de gâchette, la cuvette tournée vers la crosse. Il place ensuite à la bouche du canon un petit cylindre creux en fer blanc ou en carton, portant à l'une de ses extrémités deux fils en croix.

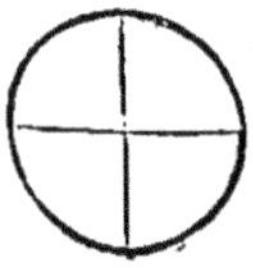

Fig. 29.

Il pose enfin le fusil sur le chevalet, à 10 mètres du but, pointant avec la ligne de mire de 400 mètres (ligne de mire de 30 mètres avec le fusil scolaire) dirigée sur un pain à cacheter placé sur la cible.

Sans déranger l'arme, il vise par le trou du percuteur dans la culasse mobile et l'intersection des fils du cylindre placé à la bouche du canon. Il détermine ainsi *la ligne de tir* et fait marquer sur la cible le point où elle aboutit.

Il fait approcher chaque élève à son tour, l'œil le plus près possible du canal du percuteur, et lui fait constater que *la ligne de tir* aboutit *au-dessous de la ligne de mire*, arrêtée sur le pain à cacheter.

Cette démonstration, répétée avec différentes lignes de mire, obtenues en remontant le curseur de la hausse, amène à conclure que, *l'écart entre la ligne de tir et la ligne de mire est d'autant plus grand, que la hausse est plus élevée.*

Le rôle de la hausse est expliqué ainsi.

Nous avons dit dans la première leçon, que pour obtenir un pointage exact à une distance déterminée et la hausse étant réglée pour cette distance, il faut non seulement que le point visé se trouve dans le prolongement de la ligne de mire, mais encore que le guidon ne penche ni à droite, ni à gauche.

Pour le démontrer, l'instructeur place sur le chevalet le fusil préparé comme pour la démonstration précédente ; mais il élève le curseur jusqu'à son point maximum. Il ajuste avec cette hausse un point O, qu'il fait marquer sur la cible. Il vise ensuite, par le canal du percuteur et l'intersection des fils et fait marquer le point A auquel aboutit la ligne de tir.

Si l'arme est correctement placée, le point A se trouve sur la même perpendiculaire que le point O et au-dessus de lui, c'est-à-dire dans le plan de tir.

L'instructeur fait faire cette remarque par

chaque élève, puis il penche l'arme à droite, par exemple, et fait remarquer le point B, où aboutit la nouvelle ligne de tir. Ce point B se trouvera situé à droite de la verticale OA et plus bas que le point A, d'une quantité AD. Si le premier pointage devait amener le projectile au point O, qui est le but, le second pointage le conduirait au point C.

La ligne BC est égale à AO, et le point E, trop bas par rapport au point O, d'une quantité EC égale à AD.

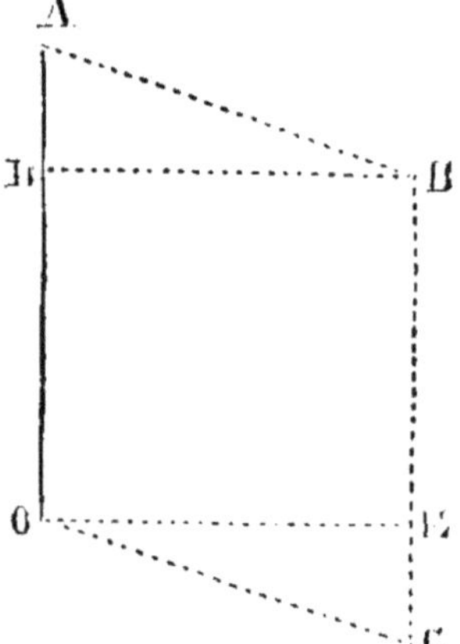

Fig. 30.

Cette observation amènera à conclure que le *coup porte du côté où penche l'appareil de pointage et au-dessous du point* qu'il aurait atteint si la hausse eût été maintenue verticale. On remarquera en outre que plus on élève la hausse, plus cette différence augmente.

EXERCICE PREMIER

Quelles sont les trois conditions que doit remplir le tireur pour arriver à la précision du tir?

Le chevalet. — Le décrire et indiquer l'avantage que présente son emploi dans l'étude du pointage.

Résumer et appliquer la première leçon de pointage.

L'*Instructeur*, après avoir donné les explications et fait la démonstration nécessaires, *devra céder sa place successivement à chaque élève*. et leur faire recommencer la démonstration, pour s'assurer qu'ils ont bien compris.

L'expérience de pointage indiquée dans la deuxième leçon devra être faite aussi par chaque élève. — Elle devra être renouvelée, *jusqu'à ce que les écarts marqués par les trois pointages successifs aient atteint une limite que l'instructeur fixera d'après le résultat de ses propres expériences.*

La troisième leçon relative aux corrections de pointage, se fera au tableau. — L'instructeur fera faire le tracé de la première figure intercalée dans cette leçon et emploiera le chevalet de pointage, tant pour démontrer le rôle de la hausse, que pour corroborer la démonstration précédente, par le contrôle du pointage sur la cible.

CHAPITRE II

LES TROIS POSITIONS DU TIREUR

Le port d'arme. — Repos sur l'arme. — Les trois positions du tireur. — Mouvements de l'épaule droite pour mettre en joue. — Placement de l'arme à l'épaule.—Position du tireur à genou. — Position du tireur couché.

Nous avons pensé, bien que notre ouvrage ne soit qu'un *Manuel de tir*, devoir introduire au commencement de ce chapitre le maniement du fusil pour le *port d'arme*. On ne saurait admettre que les élèves tireurs s'avançassent au pas de tir en tenant leurs fusils chacun à sa guise.

Nous leur faisons donc prendre la position du port d'arme, individuellement, au moment où ils sont appelés à la cible, et, arriver ainsi au pas de tir, où ils chargeront l'arme ; c'est encore en reprenant cette position qu'ils regagneront leur rang après avoir terminé leur tir.

Le port d'arme

Les talons sont placés sur la même ligne et rapprochés autant que la conformation de l'homme le permet, les pieds un peu moins ouverts que l'équerre, et également tournés en dehors, les genoux tendus sans les raidir, le corps penché en avant, les épaules effacées et également tombantes, les bras pendant naturellement, les coudes près du corps, la paume de la main un peu tournée en dehors, le petit doigt en arrière de la couture du pantalon, la tête droite sans être gênée ; les yeux fixés droit devant soi.

Le bras droit est légèrement ployé. L'arme est dans le bras droit et au défaut de l'épaule, le canon en arrière et d'aplomb, le bras droit presque allongé, la main droite embrassant le chien et la sous-garde, le premier doigt dessous, le petit doigt au-dessus de la crête du chien, les autres au-dessous ; la crosse à plat le long de la cuisse droite.

Reposer l'arme

1º Saisir brusquement l'arme avec la main gauche à la hauteur de l'épaule, la détacher en même temps avec la main droite ; lâcher l'arme de cette main, la descendre de la main gauche, la ressaisir avec la main droite au-dessus de la grenadière, le petit doigt derrière le canon, l'arme d'aplomb, la main droite appuyée à la hanche, le talon de la crosse dirigé sur le côté de la pointe du pied droit, et laisser tomber vivement la main gauche dans le rang.

2° Poser la crosse à terre *sans frapper*, achever d'allonger le bras droit et prendre la position du soldat reposé sur l'arme.

Repos sur l'arme

La main basse, le canon entre le pouce et le premier doigt allongé le long de la monture, les trois autres doigts allongés et joints, le bout du canon à environ 5 centimètres du bras droit, la baguette en avant, le talon de la crosse à coté et contre la pointe du pied droit, l'arme d'aplomb.

Au repos, les hommes placent la main droite étendue sur l'arme, qu'ils appuient contre le corps, et ne sont plus tenus de garder l'immobilité ni la position, jusqu'au commandement préventif de : *Garde à vous*, pour revenir au port d'arme.

A ce commandement, les hommes reprennent la position du soldat, reposé sur l'arme telle que nous venons de la décrire, et gardent l'immobilité.

Portez arme

Élever l'arme verticalement avec la main droite, à la hauteur du teton droit, vis-à-vis l'épaule, à 5 centimètres du corps, le coude droit y restant joint.

Saisir l'arme de la main gauche, au-dessous de la main droite et descendre aussitôt la main droite pour embrasser le chien et la sous-garde, en appuyant l'arme à l'épaule, le bras droit presque allongé.

Laisser tomber vivement la main gauche dans le rang.

Position du tireur debout

Le tireur se présente au pas de tir, *au port d'arme*, faisant face à la cible. Il se fend en arrière et sur la droite, afin de résister au recul et d'avancer l'épaule qui sert de point d'appui à la crosse.

Mouvement. — En même temps, élever l'arme avec la main droite, la saisir avec la main gauche, le pouce sur la hausse, puis, la poignée avec la main droite, la main gauche étant à la hauteur du coude.

Faire un demi à droite sur le talon gauche, en même temps que porter le pied droit à 30 centimètres en arrière et à 25 centimètres à droite (1);

1° La pointe du pied un peu rentrée.

2° La main droite du tireur embrasse fortement la poignée, parce qu'en serrant l'arme, on assure la liberté de l'index qui doit presser la détente. Faute de cette précaution, le mouvement de ce doigt se transmet à la main et à l'épaule quand on fait partir le coup, et l'on manque le but.

3° Le coude droit est élevé et déjeté en dehors, pour faciliter le mouvement de l'épaule qui doit amener la ligne de mire à la hauteur de l'œil (2), et produire en même temps le creux dans lequel s'encastre la crosse du fusil (3).

4° La main gauche soutient l'arme par son

(1) Ces écarts sont ceux qui sont établis pour la moyenne de la taille des hommes; pour les enfants, ils seront réduits dans la proportion de leur taille.

(2) Le tireur arrivant devant la cible, avait la ligne des épaules parallèle à la surface; lorsque l'arme est en joue cette ligne doit être presque perpendiculaire à la surface de la cible, l'épaule droite faisant saillie à droite de moins de la moitié d'un angle droit.

(3) A ce troisième mouvement des positions du tireur (debout et à genou), il charge son arme comme il va être dit au chapitre de la charge.

centre de gravité, c'est-à-dire au-dessous de la hausse, parce que cette position est à la fois la plus commode et la moins fatigante pour le tir et pour la charge (1).

5° Les deux mains exercent une traction continue vers l'épaule, parce qu'on diminue ainsi l'incommodité du recul en même temps qu'on maintient l'arme plus solidement (2).

6° Pour viser, l'homme amène la ligne de mire à la hauteur de l'œil, par un mouvement d'épaule en tenant la tête droite.

S'il abaisse au contraire la tête sur la poignée de la crosse, pour chercher la ligne de mire, *son nez* vient se placer contre elle, touche presque le pouce et *est heurté par l'effet du recul.*

Aucun homme prenant cette position défectueuse, que l'instructeur doit s'efforcer de combattre, n'arrive à tirer juste, parce qu'il se préoccupe bien plus de se soustraire aux effets du recul, que de continuer exactement son pointage jusqu'après le départ du coup.

(1) Voir ce qui est dit aux paragraphes 6 et suivants du chap. iv de la troisième partie, sur la meilleure manière d'assurer l'immobilité de l'arme pendant le pointage et le tir.

(2) L'arme doit être solidement assujettie à l'épaule, mais le tireur doit *se garder d'exercer un effort exagéré, qui ne peut que nuire à la justesse du tir.*

Mouvements de l'épaule en mettant en joue

L'épaule a deux mouvements à faire quand le tireur élève la crosse du fusil vers elle.

1° Un mouvement en avant pour présenter l'épaule à la crosse et l'empêcher de glisser ;

2° Un mouvement de bas en haut, pour amener la ligne de mire à la hauteur de l'œil.

Ces deux mouvements doivent se faire simultanément et sans exagération.

Placement de l'arme à l'épaule

L'instructeur doit s'attacher à amener chaque élève tireur à prendre correctement la position indiquée dans le placement de l'arme à l'épaule.

Pour arriver à ce résultat, se plaçant à droite de l'élève qu'il exerce, la pointe du pied gauche touchant presque la pointe du pied droit de celui-ci, il saisit au-dessous de la hausse le fusil que l'élève lui abandonne, puis il lui prescrit :

1° D'élever l'épaule droite ;

2° De porter l'épaule en avant.

Alors, le soutenant de la main gauche, il lui appuie fortement la plaque de couche dans le creux de l'épaule, le talon de la crosse affleurant à peu près la partie supérieure de l'épaule, le tranchant extérieur de la plaque de couche contre la couture de la manche et du côté du corps, l'arme horizontale et la mire ne penchant ni à droite ni à gauche.

L'instructeur fait saisir l'arme par l'élève, qui place sa main droite à la poignée et la gauche sous le pied de la hausse.

Il le fait maintenir la position de l'arme à l'épaule et lui commande ensuite de la reprendre seul, rectifiant alors les erreurs qu'il pourrait avoir commises.

L'instructeur profite de l'étude de la position du tireur debout et des deux suivantes pour exercer les élèves à mettre l'arme au cran de sûreté et du cran de sûreté au cran de l'armé.

Position du tireur à genou

1° Faire un demi à droite sur le talon gauche, comme il a été indiqué au paragraphe premier de la position debout, porter le milieu du pied droit à environ 30 centimètres en arrière et 15 centimètres à gauche du talon gauche (1), la direction du pied droit faisant un angle d'environ 45° avec celle du pied gauche.

2° Mettre le genou droit à terre, poser la crosse à terre sans frapper, s'asseoir sur le talon droit, saisir l'arme avec la main gauche à la hauteur de la base de la hausse et à la poignée avec la main droite.

3° Abattre l'arme avec les deux mains, l'avant-bras appuyé sur la cuisse gauche, la la crosse touchant la cuisse droite. L'arme est au cran de repos. Armer en tournant le levier de droite à gauche, puis le rabattre complètement à droite. Saisir l'arme avec la main droite, le premier doigt allongé le long du pontet.

L'instructeur doit s'assurer :

1° Que le poids du corps repose sur la jambe droite, la jambe gauche devant soutenir seulement le poids de l'arme ;

2° Que la tête n'est pas inclinée surtout en avant, et que le nez est assez éloigné du pouce de la main droite pour ne rien risquer du recul.

(1) Les distances relatives sont déterminées pour la moyenne de la taille du soldat, elles se réduiront selon la taille de chaque élève, d'après l'appréciation de l'instructeur.

Position du tireur couché

Pour prendre cette position, le tireur étant reposé sur l'arme et faisant face au but :

1° Soulever l'arme avec la main droite, faire un demi à droite en tournant sur le talon gauche, porter la crosse à environ 0^m85 (0^m50 à 0^m60, pour les enfants) en avant et vis-à-vis de l'épaule droite.

2° Poser les deux genoux à terre dans la direction du fusil ; descendre la main droite le long du canon ; se coucher sur le côté gauche, le corps dans la direction du plan de tir, en abattant le fusil dans la main gauche qui le saisit entre la hausse et l'échancrure, le levier en dessus ; saisir en même temps la poignée avec la main droite.

3° Se coucher sur le ventre les deux jambes réunies, les deux coudes servant d'appui, la main gauche embrassant le pontet comme dans la position à genou, appuyer la plaque de couche contre l'épaule, *en évitant avec le plus grand soin d'épauler sur la clavicule*, prendre la ligne de mire, la seconde phalange du premier doigt de la main droite en avant et contre la détente.

Dans cette position, le corps du tireur doit

être placé obliquement par rapport à la direction du tir.

On doit veiller, à ce que dans les différents mouvements, surtout en chargeant et en épaulant, il ne s'introduise ni terre, ni corps étrangers dans le canon.

EXERCICE II

Indiquer quelle est la position de l'homme au port d'arme, en partant de celle de la position du soldat sans arme.

Théorie du port d'arme.

Reposer l'arme. — Théorie de ce mouvement.

Repos sur l'arme. — Position de l'homme au repos. Partir de ce mouvement pour reprendre le port d'arme.

Position du tireur debout. — Indiquer le mouvement à exécuter pour prendre cette position en partant du port d'arme. — Théorie de la position du tireur debout. — Indiquer les mouvements que doit effectuer le tireur jusqu'à *la prise de la ligne de mire.*

Placer l'arme à l'épaule. — Les deux mouvements simultanés de l'épaule pour mettre l'arme en joue.

Position du tireur à genou. — Théorie. — Indication des mouvements pour la prise de cette position.

Position du tireur couché. — Théorie. — Indication des mouvements.

CHAPITRE III

De la solidité du tireur dans le pointage et du départ du coup à sa volonté. — La charge. — Les différentes hausses à employer selon les distances.

Les trois positions, debout, à genou, couché, étant bien possédées par les élèves-tireurs, l'instructeur devra les exercer :

1° A acquérir et à conserver l'immobilité ;

2° A devenir maître de la détente.

Pour conserver l'immobilité, le tireur doit *aspirer largement* avant de mettre en joue, et, pendant le pointage, *retenir l'air emmaganisé dans ses poumons jusqu'après le départ du coup.*

Chaque tireur doit chercher à adopter ensuite la position des pieds, un peu plus ou un peu moins éloignés, un peu plus en avant ou un peu plus en arrière, la pointe un peu plus ou un peu moins ouverte que la position réglementaire ne l'indique, qui convient le mieux à sa conformation et lui donne le plus de solidité (1).

Le tireur doit s'exercer à tenir le plus longtemps possible le guidon affleurant le dessous du centre du noir de la cible.

Pour arriver à être *maître de la détente* (comme il a déjà acquis, en suivant les principes qui précèdent, une immobilité que l'habitude rendra de plus en plus ferme), le tireur prend bien en main la poignée de son arme, la serre, *mais sans produire un effort qui cause un tremblement.*

Il engage le premier doigt sur la détente, de façon à la presser avec la seconde phalange. Il est à remarquer que plus le doigt est engagé, plus la pression est puissante et mesurée.

Le tireur ayant adopté toutes les précautions recommandées pour acquérir l'immobilité, et presser la détente sans efforts ni secousses, doit être exercé à produire le départ du chien, lorsque sa ligne de mire prolongée aboutit au-dessous du noir, ou

______

(1) Les Suisses disent, pour bien indiquer la nécessité qu'il y a d'être ferme sur ses bases : *La carabine se tire avec les jambes.*

Le mouvement du doigt pressant la détente doit être complètement indépendant du bras.

La pression qu'il exerce doit être *lente et uniforme.*

autrement exprimé, comme on dit dans les tirs de précision, lorsqu'il *tient bien*.

La justesse du tir dépend en dernier lieu de la précision de cette opération, à la parfaite exécution de laquelle concourent toutes les théories et prescriptions qui précèdent.

L'élève tireur devra souvent y être exercé.

L'instructeur aura à veiller à ce que l'œil ne se ferme pas au moment du départ du chien.

Il devra faire indiquer à l'élève le *point où aboutissait la ligne de mire au moment du départ du chien*.

Avec l'arme de guerre, à détente fuyante et longue, dont nous nous occupons, l'élève remarquera bientôt qu'aussitôt le fusil en joue, il doit presser la détente d'une certaine force, qu'il saura apprécier, pour dégager en partie la gâchette du cran et l'amener sur le bord de la noix, enfin, qu'arrivé à ce point, il n'aura plus qu'une courte et légère pression à produire pour faire partir le coup.

Il se rendra compte aussi, qu'il *ne doit pas tenir trop longtemps l'arme en joue*, quitter le point visé pour y revenir et le quitter encore pour chercher à le prendre mieux. Les bras se fatiguent à cette *chasse à la mouche*, et le tireur, presque à bout de souffle, lâche son coup au hasard.

Il lui faut donc arriver à trouver de suite sa ligne de mire, en mettant en joue, et le dessous du noir, enfin, lâcher la détente sans coup de doigt, ni d'épaule, comme sans hésitation, avant d'arriver à *bout de souffle*.

S'il n'a pas saisi le moment propice pour tirer, il quittera la position pour remettre en joue au bout de quelques secondes, après avoir de nouveau *complètement respiré*.

La pratique du tir seule peut amener à ce résultat.

La solidité sur les jambes étant obtenue ;

La crosse de l'arme étant bien placée dans le creux de l'épaule, et le coude élevé à la hauteur de l'œil ;

La ligne de mire étant bien prise et aboutissant au bord inférieur du noir de la cible, qui doit sembler posé sur le guidon et presque appuyé sur les deux angles du cran de mire ;

L'appareil de pointage (hausse et guidon), ne penchant ni à droite ni à gauche ;

La main droite étant appliquée fortement, mais sans raideur, à la poignée, l'index devenu absolument indépendant du reste de la main, sa seconde phalange étant engagée le plus loin possible sur la détente ;

Ce doigt étant exercé à provoquer le départ du coup aussitôt que la volonté le commande ;

Le tireur, se persuadant bien que tout son corps est l'affût sur lequel repose l'arme, et qu'il n'a qu'un seul mouvement à exécuter, celui de la pression de l'index obéisssant instantanément à sa volonté, l'élève sera devenu bon tireur.

Il ne lui restera plus, dès lors, qu'à apprécier les rectifications de pointage à opérer pour remédier aux imperfections de son arme. Ici encore, la pratique et l'observation seront ses meilleurs maîtres.

La charge

Les hommes étant au port d'arme, ou reposés sur l'arme, l'instructeur commande : *Charge en quatre temps. — Chargez arme.*

1° Élever l'arme avec la main droite, la saisir avec la main gauche, le pouce sur la hausse, puis à la poignée, avec la main droite, la main gauche à la hauteur du coude ; faire un demi à droite sur le talon gauche, porter en même temps le pied droit à 30 *centimètres en arrière et à* 25 *centimètres sur la droite* (1), la pointe du pied un peu rentrée ;

(1) Sauf la restriction que nous avons faite plus haut, — position du tireur debout, — relativement à la taille des élèves et que l'instructeur devra apprécier.

2° Abattre l'arme avec les deux mains, le pouce de la main gauche allongé le long du bois, l'extrémité des autres doigts ne dépassant que légèrement les bords de la monture sans toucher le canon ; la crosse sous l'avant-bras, la poignée de l'arme contre le corps, à environ 10 centimètres du teton droit, le bout du canon à hauteur de l'épaule ; saisir le levier avec la main droite, les ongles en dessus. Armer en tournant le levier de droite à gauche, le ramener en arrière *sans brusquerie*, porter la main à la cartouchière et *saisir la cartouche par l'étui à poudre* ;

3° Porter la cartouche dans l'échancrure, la balle en avant ; l'introduire dans la chambre en l'accompagnant avec le pouce ; saisir le levier de la main droite, les ongles tournés vers le corps ;

4° Pousser doucement la culasse mobile ; rabattre *vivement et complètement le levier à droite* ; saisir l'arme à la poignée avec la main droite, le premier doigt allongé le long du pontet.

Le fusil est chargé et prêt à faire feu.

La charge à volonté s'exécute absolument comme la charge en quatre temps, mais sans décomposer les mouvements.

Des diverses hausses à employer et de la position de la crosse par rapport à l'épaule, selon les distances.

Jusqu'à 250 mètres, employer la hausse de 200 mètres. Le talon de la crosse affleure la pointe de l'épaule (planche rabattue en avant ; cran de mire du pied de la hausse).

Entre 250 et 350 mètres, prendre la hausse de 300 mètres (*planche rabattue sur le pied ; cran de mire du talon de la hausse.*

Entre 350 et 400 mètres, employer la hausse de 350 mètres (*planche levée, curseur à rallonge levé, cran inférieur de la planche*).

A partir de 400 mètres, *placer le bord supérieur du curseur à la distance indiquée, ou qui s'en rapproche le plus.*

Les traits gravés sur le côté gauche de la planche, correspondent au tir avec le curseur de 400 à 1,200 mètres.

Les traits gravés sur le côté droit correspondent au tir avec le cran de mire supérieur de la rallonge de 1,400 à 1,800 mètres ; l'emplacement des divisions est réglé pour les distances de tir variant de 25 en 25 mètres.

Au fur et à mesure que la distance du but est plus grande, la position de la crosse à l'épaule devient graduellement plus basse.

Dans le tir aux environs de 600 mètres, l'épaule, qui était levée, reprend à peu près sa position naturelle. A partir de cette position, on est obligé de baisser l'épaule de plus en plus.

Pour le tir à partir de 1,300 mètres jusqu'à la limite de portée, on glisse la crosse sous l'aisselle, en maintenant fortement l'arme à la poignée, le coude gauche appuyé au corps et la crose maintenue fortement au corps par le bras droit.

EXERCICE III

Indiquer les conditions que doit rechercher l'élève-tireur, pour assurer son immobilité, provoquer le départ de la détente exactement au moment où il veut faire partir le coup, *et la position que doit occuper l'index de la main droite sur la détente*, pour arriver à ce dernier résultat.

Résumer les conditions que doit remplir l'élève-tireur placé devant la cible pour atteindre le maximum de précision.

La charge. — Indiquer les quatre temps de la charge. — L'instructeur les fera exécuter à chaque élève qui répétera en même temps la théorie.

Des diverses hausses à employer. — Indiquer la hausse à employer de 0ᵐ à 250ᵐ, de 250ᵐ à 350ᵐ, de 350ᵐ à 400ᵐ Indiquer la signification : 1° des graduations marquées sur le côté gauche de la planche par rapport au mouvement du curseur ; 2° des traits gravés sur le côté droit par rapport au cran de mire supérieur de la rallonge.

Indiquer la position que doit prendre la crosse dans le tir aux différentes distances. — Démonstration avec l'arme.

CHAPITRE IV

La butte de tir. — Sa construction. — La tranchée-abri. — Précautions nécessaires pour protéger les marqueurs. — Les cibles. Leur construction. — But mobile. — But à éclipse. — Le chariot qui les porte. — Accessoires des cibles. — Indication des coups. — Tableau de renseignements balistiques sur le fusil d'infanterie.

La butte de tir

La butte de tir pour l'arme de guerre ou les carabines à longues portées employées dans les stands, doit avoir au moins 6 mètres de hauteur sur 2 mètres d'épaisseur au sommet et 20 mètres à la base. La pente de son talus est de $1/3$.

La butte doit être construite en terre légère, dont on aura soigneusement extrait les pierres.

Dans toute la longueur du tir la même précaution sera observée, afin d'éviter les ricochets.

La face de la butte mesurée à la crête a une largeur de 5 mètres par cible de 2 mètres carrés. S'il est possible de diriger la butte parallèlement à un coteau assez élevé, on choisit cette situation. Il est à observer que, si l'on n'a pas à sa disposition un terrain absolument plat, ce qui se présente rarement, on choisit de préférence un emplacement où les cibles sont élevées *un peu plus haut que le tireur*, et non plus bas.

Les cibles sont placées à 5 mètres de la butte. En avant des cibles, soit que l'on emploie celles adoptées par l'armée, soit qu'on se serve, comme cela a lieu dans la plupart des stands, de cibles tournantes mobiles autour d'un pivot, ou de deux panneaux se mouvant dans un chassis en bois tendre, l'un montant pendant que l'autre descend, on creuse une tranchée-abri de 2 mètres de profondeur sur deux mètres de largeur. Elle comprend deux parties.

La première, la plus rapprochée de la cible, est destinée au maniement de la palette et du fanion ; elle est à ciel ouvert et sa largeur est de 0^{m}60.

La seconde est une excavation pratiquée sous le sol pour servir d'abri aux marqueurs, auxquels elle laisse pour se mouvoir un emplacement de 0^{m}60 environ, en avant d'eux elle a une largeur totale de 1^m50. Cette excavation est suffisamment étayée sur toutes ses faces pour prévenir les éboulements ; sa partie supérieure est recouverte d'une quantité suffisante de terre. S'il est possible d'abaisser le sol du champ de tir jusqu'à 2 mètres avant d'arriver à l'abri des marqueurs, distance à laquelle on a préalablement tranché en talus de même pente que celui de la butte, une trace de 4 mètres de largeur, suivant la pente de 0 à 2 mètres, cette précaution n'est pas négligée. Dans le cas contraire, il est utile de former d'un bout à l'autre une crémaillère dont les dents se présentent de mètre en mètre et arrêtent les balles tirées trop bas.

Dans le cas assez fréquent où la nappe d'eau souterraine ne permet pas de creuser la tranchée et l'abri des marqueurs jusqu'à la profondeur de 2 mètres, on élève le terre-plein sur lequel repose la base de la butte de tir, d'une quantité suffisante pour que la profondeur de 2 mètres soit conservée cependant à la tranchée-abri (1).

Ajoutons à propos de la situation des cibles

---

(1) Le règlement de 1884 sur l'instruction du tir dit à propos des prescriptions relatives à la construction des buttes et des proportions que nous venons d'indiquer pour l'établissement de la tranchée et de l'abri des marqueurs : « *On s'y conformera rigoureusement en ce qui concerne la profondeur de la tranchée et la largeur de l'ouverture* : LA SÉCURITÉ DES MARQUEURS EN DÉPEND. »

devant la butte, que la crête de cette butte doit toujours dépasser de 2^{m}50 le sommet des cibles.

Les cibles

Les cibles-panneaux employées pour l'armée sont de deux sortes :

1° La cible carrée de 2 mètres de côtés ; 2° la cible rectangulaire de 2 mètres de haut sur un mètre de large.

Leur cadre est formé par des bandes d'acier doux de 30 millimètres de largeur sur 7 d'épaisseur. Seule, la traverse inférieure a une épaisseur de 10 millimètres.

Les cadres sont revêtus de toile d'emballage, consolidées par de vieux papiers collés sur ses deux faces et recouvertes ensuite de feuilles blanches. La partie des cadres en regard du tireur présente un biseau de 90°.

Le cadre de la cible de 2 mètres carrés est formé par deux montants et deux traverses coudées à angle droit et boulonnées aux montants ; chaque angle est maintenu par un aisselier. Les montants qui dépassent de 20 centimètres la traverse inférieure sont aiguisés pour permettre de les piquer dans le sol.

La construction de la cible rectangulaire est la même que la précédente, sauf que celle-ci reçoit trois traverses au lieu de deux.

La cible carrée est munie de deux arcs-boutants terminés en crochet, que l'on engage de dessous en dessus dans des anneaux rivés vers les extrémités de la traverse supérieure. La cible rectangulaire est soutenue par un seul arc-boutant partant du milieu de la traverse supérieure. L'établissement des cibles, est consolidé par des fiches de 0^m78 qu'on engage dans une bride d'arc-boutant rivée à 0^m50 de l'extrémité inférieure.

Les panneaux employés pour les exercices de tir, ont sur les cibles rondes l'avantage de permettre de constater un bien plus grand nombre de résultats et de faciliter aux tireurs les rectifications de tir nécessaires d'après la donnée des armes qui, comme nous l'avons indiqué, ne donnent pas d'une façon rigoureusement exacte (1).

Pour le tir à 100 mètres, en prenant pour centre le point de rencontre des deux axes, on trace sur le panneau deux circonférences concentriques dont la plus petite a 0^m25 de diamètre et la plus grande 0^m50.

____

(1) Pour cette cause les zones tracées sur les cibles sont environ 1/3 plus grandes que celles qui correspondraient à la justesse absolue des armes.

Pour la distance de 200 mètres, la circonférence intérieure a 0ᵐ60 de diamètre, la seconde 1 mètre.

Pour la distance de 300 mètres, le diamètre de la circonférence intérieure est de 0ᵐ75, celui de la seconde est de 1ᵐ50.

L'épaisseur du trait des zones et des axes est de 0ᵐ05 jusqu'à cette distance ; au delà on lui donne celle de 0ᵐ10.

Pour le tir à 400 mètres, la cible présente trois perpendiculaires et une parallèle à la base, cette dernière élevée à la hauteur du milieu du panneau.

A 500 mètres, la cible ne porte que deux axes.

A 600 mètres, elle a 3 mètres de largeur, se compose de deux ou trois panneaux réunis et traversés par le tracé de deux axes.

Il est à remarquer qu'à partir de la distance de 500 mètres la hauteur des cibles *n'est plus en rapport avec les écarts probables* de l'arme, pour les coups bien tirés. Tout en augmentant la largeur du but, au fur et à mesure qu'on s'éloigne de lui, la proportion des coups touchés diminue constamment en raison de la disproportion entre l'écart probable et le manque de hauteur de la surface à atteindre.

La cible employée pour les concours est

divisée en trois zones, dont la centrale a 0^m33 de diamètre, la seconde 0^m66 et la troisième 1 mètre.

Une dernière cible est nécessaire, c'est la cible de réglage. Elle a 2 mètres sur chaque face et est divisée par deux axes. Des lignes parallèles à ces axes sont tracées de 5 centimètres en 5 centimètres sur toute sa surface. Cette disposition permet d'arriver à régler plus facilement les armes.

Nous ne ferons que mentionner ici en passant les silhouettes des tireurs debout, à genoux, couchés et celles de cavaliers, employées par l'armée dans ses exercices de tir; mais nous entrerons dans tous les détails utiles sur les cibles mobiles.

En plus des panneaux dont nous venons de nous occuper, on a créé pour l'exercice du tir des *buts mobiles*. Le matériel nécessaire se compose d'un chariot d'une longueur de 1^m50, d'une largeur de 1^m70 jusqu'à la fusée de l'essieu et de 0^m30 de hauteur, des roulettes à sa partie la plus élevée. Il est placé sur une voie ferrée assise sur le terre-plein ou berme, entre la tranchée et la butte, à 3 mètres de celle-ci et protégé par un remblai de 0^m65 d'élévation. Ce remblai est terminé à chaque extrémité par un parapet de 2 mètres de hauteur et de 5^m50 de longeur.

Une partie de ce remblai sert à dissimuler le chariot et le but qu'il porte, après leur passage en face du tireur; l'autre partie protège l'abri des marqueurs à chaque extrémité de la voie. Ces abris consistent en trous-abris de 0^{m}50 de côté sur 1^{m}50 de profondeur, creusés à pic aux deux extrémités de la voie ferrée. Un escalier de 1 mètre de longueur sur 0^{m}50 de largeur, dirigé du côté du parapet permet aux marqueurs de sortir pour aller boucher les trous des balles dans le panneau.

A chaque extrémité des rails, en avant des trous-abris, on plante de gros piquets en bois pour arrêter le chariot au bout de sa course utile.

Le chariot se compose de deux essieux portant des roulettes en fonte et de deux longrines. Dans la longrine la plus rapprochée du tireur, sont ménagées quatre mortaises où s'engagent les pieds des cibles. Elles sont renforcées par des rosettes quadrangulaires en tôle destinées à en prévenir l'éclatement.

Les deux mortaises extrêmes, situées à 1 mètre l'une de l'autre, reçoivent les pieds du panneau rectangulaire ; les deux mortaises intermédiaires, distantes de 0^{m}45, sont destinées au logement des pieds de la cible représentant la silhouette d'un tireur debout.

Un anneau-boulon, fixé au milieu de

chaque essieu reçoit le crochet double qui termine chacune des cordes de manœuvre du chariot.

Au milieu des deux traverses extrêmes de la voie ferrée est fixée une poulie enchapée, sur laquelle passe la corde de manœuvre.

La dernière traverse du côté droit porte une troisième poulie, qui reçoit la corde qui fait mouvoir le disque à éclipse dont nous allons parler.

La longrine la plus éloignée du tireur reçoit le pied de l'arc-boutant de cible, qui s'engage dans une fourchette, où il est maintenu par une chevillette qui les traverse.

A cette disposition du chariot, appropriée au tir sur une cible traversant devant le tireur, s'en ajoute une seconde pour l'établissement du tir sur un *un but à éclipse* (1), qui s'effectue sur un disque mobile, en fer de 0^m45 de diamètre supporté par une tige coudée. Le retentissement du disque métallique indique au marqueur chaque coup touché sans qu'il ait besoin de le constater au moyen de la vue.

La longrine la plus rapprochée du tireur est traversée perpendiculairement d'avant en

___

(1) Pour le tir sur buts mobiles, consulter le tableau de renseignements balistiques placé à la fin de ce chapitre (durée de trajet des projectiles, première colonne).

arrière à 0^m40 de son extrémité gauche par un pivot à épaulement. A ce pivot, qui fait saillie entre les deux longrines, on adapte la partie coudée de la tige percée d'un trou à cet endroit. L'épaulement du pivot empêche le disque de dépasser la verticale en se relevant. D'autre part, à 0^m35 du pivot se trouve un arrêtoir sur lequel vient reposer le disque quand il disparaît au tireur. La partie de la tige qui porte le disque a jusqu'à celui-ci 0^m42 de longueur depuis le pivot; l'autre partie coudée, à laquelle s'attache la corde motrice, a 0^m22. La corde fixée à ce bras de levier passe ensuite entre deux poulies accouplées et enchapées placées sous l'essieu de droite pour aboutir enfin à l'homme chargé de la manœuvre du but à éclipse.

Accessoires des cibles

Chaque cible doit être munie d'instruments destinés à indiquer les coups, à reboucher les trous des projectiles et d'une paire de lunettes de cantonnier, en treillis métallique propre à arrêter les éclats de plomb, et la terre projetée qui atteindraient les yeux du marqueur.

Les *fanions* sont de petits drapeaux rouges, ou rouge et blancs, supportés par une hampe de 3 mètres. La *palette* se compose d'un disque de tôle de 20 centimètres de diamètre monté sur une hampe semblable à celle du fanion et portant à sa partie postérieure un tampon que l'on mouille de colle et qui transporte sur les trous des projectiles, de petits carrés de papier qui les rebouchent.

Indication des coups

Aussitôt qu'une balle arrive dans la cible, le fanion se lève. La cible étant divisée en trois zones, la zone centrale, qui compte 3, celle qui la suit qui vaut 2 et la plus éloignée qui vaut 1. Le point 3 se marque en agitant le fanion sur le centre. Le point 2 se marque en portant le fanion à droite, 1 se marque en l'inclinant à gauche.

Pour les cibles qui n'ont que deux zones, quand une balle atteint la zone centrale, le porte-fanion agite son fanion de droite à gauche ou de gauche à droite. Les balles qui atteignent la deuxième zone s'indiquent en agitant le fanion de bas en haut et de haut en bas. Quand les balles frappent la cible en dehors des zones le fanion est levé et tenu immobile.

EXERCICE IV

Construction d'une butte de tir et des tranchées-abris.
Construction des cibles pour les différentes distances.
But mobile.
But à éclipse. Accessoires des cibles. Indication des coups.

TABLEAU
De Renseignements balistiques sur le fusil d'infanterie modèle 1874
(Cartouches 1874 et 1879.)

· Vitesse du projectile à 25 mètres de la bouche de l'arme (cartouche modèle 1874-1879). 450 mètres

Hauteur des flèches aux 1/2 distances. . . . .

Quantités moyennes dont on relève ou abaisse le tir lorsqu'on déplace le curseur de 1/4 de division (25 mètres). . . . .

Quantités moyennes dont le tir est abaissé ou relevé aux différentes distances pour 1 millimètre de guidon de plus ou de moins (1). . . . .

Dérivations approximatives pour les distances de 1.000 à 1.800 m. d'une arme symétrique. . . . .

Déviations par suite de l'influence d'un vent perpendiculaire à la parallèle à la ligne de tir (vitesse de 1 mètre par seconde) (1). . . . .

Zones dangereuses du fusil d'infanterie (1874) pointé au pied du but à atteindre. . . . .

Durée de trajet des projectiles en secondes et fractions de secondes.

DISTANCES	Durée de trajet	Zones dangereuses		Déviations LATÉRALE	Déviations EN PORTÉE	Dérivations	ABAISSEMENT OU ÉLÉVATION	HAUSSE AUGMENTÉE DE 25 MÈTRES	HAUSSE DIMINUÉE DE 25 MÈTRES	Hauteur des flèches
		Fantas.	Cavalier							
100	0.24	100m	100m	0.02	0.06	»	0.29	»	»	0.08
200	0.51	200	200	0.08	0.24	»	0.43	»	»	0.36
300	0.81	300	300	0.18	0.54	»	0.51	»	»	0.90
400	1.14	131	400	0.32	0.96	»	0.58	0.499	3.16	1.76
500	1.50	71	134	0.50	1.50	»	0.72	0.697	0.644	3.01
600	1.80	54.2	82.8	0.72	2.16	»	0.87	0.930	0.868	4.73
700	2.32	39.2	59.6	0.98	2.94	»	1.02	1.204	1.129	7.01
800	2.78	28.2	45.4	1.28	3.84	»	1.17	1.504	1.431	9.94
900	3.27	22.6	36.1	1.62	4.86	»	1.31	1.870	1.776	13.62
1000	3.81	18.5	29.1	2	6	2m	1.45	2.271	2.166	18.16
1100	4.28	15.4	24	2.42	7.26	3m	1.60	2.723	2.604	23.67
1200	4.59	12.9	20.2	2.88	8.64	4m	1.74	3.228	3.094	30.28
1300	5.65	11	17.2	3.38	10.14	5m	1.80	3.786	3.640	38.11
1400	6.34	9.4	14.7	3.92	11.76	7m	2.04	4.403	4.241	47.31
1500	7.08	8.2	12.8	4.50	13.50	9m	2.18	5.080	4.904	58.01
1600	7.86	7	11.1	5.12	15.36	12m	2.33	5.819	5.630	70.37
1700	8.69	6.3	9.9	5.78	17.34	15m	2.47	6.626	6.418	84.55
1800	9.56	5.5	8.6	6.48	19.44	20m	2.62	»	7.269	100.70

(1) Un déplacement latéral du guidon de 1 millimètre à droite ou à gauche, fait porter le tir à gauche ou à droite du point visé de la même quantité dont il est abaissé ou relevé pour un abaissement ou une surélévation de 1 millimètre.

(2) Les déviations pour une même distance étant proportionnelles à la vitesse du vent, il fait pour obtenir les déviations produites à une distance quelconque par un vent donné en vitesse et en direction multiplier les chiffres des deux colonnes en regard par la vitesse du vent. Cette vitesse doit être mesurée normalement et parallèlement à la direction du tir.

CHAPITRE V

APPRÉCIATION DES DISTANCES

Il est très important que chaque homme puisse se faire une idée à peu près exacte des distances. L'habitude de la cible ne saurait l'y former. Si le tir en cible a pour objet de rendre chacun apte à tirer bon parti de l'arme qui lui est confiée, dans l'intérêt de la défense du pays, il devient d'une haute utilité qu'il sache, en dehors du champ de tir, en toutes circonstances, apprécier la distance où se trouve l'ennemi qu'il veut frapper et mettre de suite la hausse convenable. On arrive à apprécier les distances par voie de comparaison. Quand on a affaire à des adultes qui ont atteint à peu près leur taille, on sait qu'ils parcourent 100 mètres en 125 pas ordinaires, et il est plus facile de le ramener à se rendre compte des distances en utilisant ce moyen de contrôle, que des enfants forcément de tailles différentes et dont la longueur du pas varie en quelques mois.

Qu'il s'agisse d'adultes, ou d'enfants, on

leur fera d'abord apprécier les distances courtes relativement à la portée de l'arme de guerre, jusqu'à 200 mètres, par exemple ; ensuite la distance qui les sépare d'objets situés jusqu'à 400 mètres.

On choisira comme but d'observation un homme, une maison, un arbre, une grosse pierre ou quelque objet d'apparence assez grande.

On fera mesurer ensuite au pas par l'observateur, l'espace compris entre son point d'observation et l'objet observé, en partant de cette donnée, pour des adultes, qu'ils font 125 pas par hectomètre. Quand ils auront constaté la différence entre leur première observation et le résultat approximativement exact donné par le mesurage, on leur fera observer depuis leur point d'arrivée, leur point de départ, où l'on aura pris soin de laisser un homme ou un groupe de quelques individus.

On leur en fera remarquer l'apparence, qui ne sera pas la même pour chacun d'eux, en raison de la différence des vues.

Pour la moyenne des observateurs, on peut cependant partir des bases suivantes :

A 100 mètres on distingue les traits du visage d'un homme ; à 200 mètres on cesse de les distinguer et le visage a l'aspect d'une surface d'un blanc mat ; à 300 mètres le visage devient vague et se détache à peine de ce qui l'entoure ; mais on aperçoit encore une tache blanche quand la figure est imberbe ; à 400 mètres il n'apparaît plus ; mais les bras se détachent encore de la masse.

Deux remarques d'un autre genre seront signalées : à 200 mètres la hauteur du guidon depuis son embase, couvre la demi-hauteur d'un homme ; à 400 mètres le guidon le couvre totalement.

Les expériences indiquées devront être souvent renouvelées ; les promenades scolaires en fourniront du reste l'occasion. Les distances seront mesurées, chacun, selon sa vue, ayant basé son appréciation sur les apparences. Les observations devront être faites par des temps et des températures variés, car les accidents atmosphériques modifient l'apparence des objets pour de mêmes distances.

Quand l'instructeur a pour élèves des enfants, après les avoir divisés en groupes, selon leurs tailles, il leur fait mesurer les distances, à leur pas ordinaire, en *l'étalonnant par groupe*. Il arrive ainsi à avoir des étalonnages dans les environs de 135, 145, 150 et 155 pas par hectomètre.

Mais, comme nous l'avons fait remarquer,

la marche ne fournit pas le meilleur moyen d'amener l'élève à apprécier les distances. Ce sera en lui faisant étudier l'apparence, qui reste constante pour lui, que l'instructeur obtiendra le résultat attendu.

Il devra donc s'ingénier à multiplier les sujets d'observation (sans toutefois s'attacher à des détails trop minutieux, tels que ceux

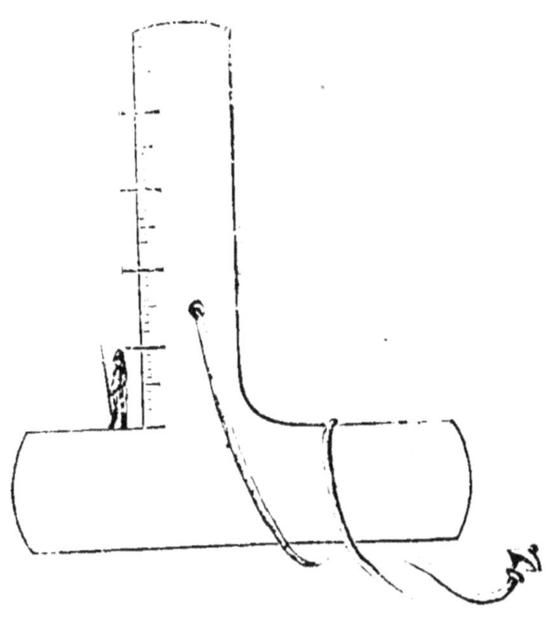

Fig. 31

qu'il trouverait dans la couleur des vêtements), et par la comparaison des objets intermédiaires plus rapprochés et de distances par conséquent plus faciles à déterminer du pre-

mier coup d'œil, habituer les élèves à apprécier les distances.

Un demi-décimètre gradué par millimètres
sur son côté gauche, la division des centimètres faisant saillie sur le bord de la lame
et se terminant à sa base au point 0 millimètre par une lame horizontale perpendiculaire qui lui donne la forme d'un T renversé,
peut être efficacement employé à cet effet.
Voici comment : On saisit dans les premiers
doigts de la main droite, le demi-décimètre à
sa base droite, en tournant la graduation de
son côté. On étend le bras devant soi à hauteur de l'œil, en ayant soin de tenir la ligne
graduée de l'appareil perpendiculaire au sol
et on l'éloigne jusqu'à ce qu'un cordonnet
de soie de 35 centimètres de longueur, arrêté
d'un côté par un nœud, derrière un trou passant par le milieu de la hauteur de l'instrument percé également au milieu de sa largeur et de l'autre par un second nœud, tenu
dans les dents, soit tendu.

On amène la base de l'instrument à la base
d'un objet de hauteur connue dont on veut
déterminer la distance, et l'on remarque la
division à laquelle atteint son sommet.

On mesure ensuite la distance du point que
l'on occupait à celui que l'on visait. On se
rend compte ainsi de l'échelonnage de la

hauteur d'un homme, d'un cheval, d'un cavalier, à 100, 150, 200, etc., mètres, sur ce télémètre, d'une grande simplicité, que l'on peut créer et régler soi-même.

Nous recommandons même aux instructeurs de faire fabriquer et régler ce petit appareil par leurs élèves. Une règle blanche et quelques têtes d'épingles suffisent pour l'établir.

Cet instrument peut rendre de grands services pour la mesure à vue d'œil des distances dans les terrains accidentés, où les moyens de contrôle ordinaires ne sont pas applicables, ou bien ne peuvent pas être employés.

Discernement de la nature et de la distance des causes de bruits parvenant à l'oreille

En nous reportant au but de nos efforts, préparer des soldats aptes à la défense du pays, nous pensons que toutes les facultés de l'homme doivent être exercées dès l'enfance, tenues en éveil et perfectionnées pendant la jeunesse. Si nos cinq sens ne peuvent pas y être utilisés, il en est deux, la vue et l'ouïe, qui doivent être plus particulièrement éduqués ; car ils se suppléent et viennent au secours l'un de l'autre.

Nous nous sommes occupé de l'éducation de l'œil, nous indiquerons seulement ici celle de l'oreille comme une sorte de complément à l'étude précédente.

Ainsi, nous conseillerons aux instructeurs de profiter, comme pour les leçons d'appréciation de distances, de toutes les occasions de promenades, pour faire déterminer par leurs élèves, la nature des différents bruits qui leur parviennent et autant que possible, en même temps que la direction, la distance à laquelle ils sont produits.

Les principaux bruits sur lesquels ils doivent attirer leur attention, sont ceux provenant de la marche d'un cheval, de son allure au trot, au galop, de plusieurs chevaux ensemble, d'hommes isolés et d'hommes en troupes, du roulement des voitures; de la détonation d'une arme à feu; de la sonnerie d'un clairon, du roulement d'un tambour et du mouvement de l'artillerie, quand cela est possible.

Les instructeurs devront apprendre à leurs élèves que, le sol étant meilleur conducteur du son que l'atmosphère, en y appliquant l'oreille, on perçoit plus nettement et de plus loin les bruits produits par les causes qui en ébranlent la surface, tels que ceux de la marche, du roulement et ceux du canon.

Ils leur apprendront aussi à reconnaître la nature des bruits produits sous bois, celui de la marche d'un homme, d'un quadrupède, etc.

Ces études comme celles relatives à l'appréciation des distances pour les objets visibles, doivent être faites dans des lieux et par des *temps différents*, celles-ci sur les *terrains de sonorités diverses*, *à plat et dans des lieux accidentés*.

Puisque la guerre est une calamité qui ne paraît pas sur le point de cesser ses ravages d'ici longtemps, on doit s'efforcer de développer chez l'élève soldat toutes les facultés utilisables à sa sauvegarde et pour le succès.

Il n'est pas jusqu'à la direction et la fraîcheur des empreintes de pas ou de traces de voitures sur le terrain, desquelles il ne doive chercher à déduire à son profit la notion des indications qui peuvent lui servir en guerre.

Qu'il s'agisse d'aller à l'ennemi, de l'attirer à lui ou de l'éviter, il doit chercher à approcher de l'habileté du sauvage, dont la nature de l'existence, toute de chasse et de combats, a rendu les sens de l'ouïe, de la vue et parfois même de l'odorat, d'une finesse et d'une sagacité presque impossible à mettre en défaut.

EXERCICE V

Éducation de l'œil. — L'instructeur s'inspirant du but
qu'il se propose et des données contenues dans le
chapitre V, devra multiplier les observations et les
varier.

Construction d'un télémètre.

Éducation de l'oreille. — Procéder pour tirer du sens
de l'ouïe tous les renseignements qu'il peut fournir,
des indications contenues dans le chapitre V, l'éducation de l'oreille pouvant se faire en se servant d'une
grande partie des moyens employés pour apprécier à
l'œil les distances.

TROISIÈME PARTIE

LE TIR SCOLAIRE

FUSIL SCOLAIRE RÉGLEMENTAIRE. — FUSIL SCOLAIRE ANDREUX. — CARABINE FLOBERT. — CROSSE A PLAQUE DE COUCHE MOBILE DE LE ROY DE GOUBERVILLE.

CHAPITRE PREMIER

LE FUSIL SCOLAIRE RÉGLEMENTAIRE

Le tir avec cette arme. — Installation et matériel

Le fusil de tir scolaire est la réduction du fusil de guerre modèle 1874, dit *fusil Gras*. Le mécanisme en est le même ainsi que le maniement. Son poids est de 2 kilos 910.

Cette arme ne peut être employée pour le tir aux grandes distances et la cartouche de guerre ne peut y être utilisée, à causes des dimensions restreintes de la chambre et d'autre part, fût-elle plus profonde, de l'insuffisance de résistance du tonnerre, pour une charge aussi forte.

La cartouche réglementaire adaptée à cette arme est tout à fait semblable à celle du fusil de guerre, mais elle n'a qu'une longueur totale de 50 millimètres, soit 10 millimètres de moins que la cartouche de guerre.

Elle contient 4 décigrammes de poudre de guerre, libre dans l'étui. La balle est sphérique. Son diamètre est de 11 millimètres 35 et son poids de 8 grammes 7. Elle est engagée dans l'étui de près de moitié de son diamètre et y est maintenue par la pression d'un étrangleur, qui en comprime les parois.

La hausse est établie de la même manière que celle du fusil de guerre.

Le cran de la hausse couchée porte l'indication de 10 à 20 mètres.

Le cran inférieur de la hausse levée porte l'indication de 30 mètres.

Un trait gravé sur le côté de la planche de hausse levée arrive à affleurement du bord supérieur du curseur baissé et porte l'indication 40 mètres.

Dans le tir à 10 mètres, faire passer la ligne de mire avec la hausse indiquée pour cette distance par le cran de mire et la tête du guidon, qui ne doit apparaître que de la moitié environ de la hauteur du cran, et conduire cette ligne de mire un peu au-dessous du bord inférieur du noir.

Fig. 2.
Pointage à 10 mètres.

Fig. 33.
Pointage à 20 mètres.

Pour le tir à 20 mètres, conserver la même hausse que pour 10 mètres, mais en relevant la ligne de mire.

La tête du guidon doit arriver au niveau de la partie horizontale de l'écran, où est entaillé le cran de mire. La ligne de mire prise ainsi doit aboutir contre le bord inférieur du noir de la cible.

A 30 mètres, prendre la ligne de mire qui passe par le sommet du guidon et le *cran inférieur* de la planche de la hausse relevée. Pointer comme à 20 mètres.

A 40 mètres, prendre la ligne de mire qui passe par le sommet du guidon et *le cran du curseur de la hausse abaissée, la planche de la hausse étant levée* comme pour le tir à 30 mètres.

Pointer comme à 20 mètres.

La donnée du fusil de tir scolaire, avec la cartouche réglementaire est généralement assez médiocre et irrégulière, ce qui provient surtout de l'éparpillement de la poudre dans le tube. On constatera en effet de meilleurs résultats, lorsqu'on aura pris soin de ramasser la poudre au fond de la cartouche ; ce qui a lieu quand la tenant verticale, la balle en haut, on la frappe un peu sur les côtés, au lieu de l'introduire dans la chambre sans avoir eu recours à cette précaution.

La cible

La cible doit être de 70 centimètres carrés. On se sert généralement d'une plaque de fonte, peinte en blanc, divisée en trois zones concentriques. Le noir a 10 centimètres de diamètre, le cercle concentrique limitant la seconde zone, a un rayon de 25 centimètres, et le troisième limitant la dernière, a un rayon de 50 centimètres.

Cette plaque est ordinairement appuyée contre un mur et un peu inclinée en avant ; mais elle a l'inconvénient de projeter, dans tous les sens, des éclats de plomb. On peut y remédier en partie en l'entourant de planches de 30 centimètres environ de hauteur.

La cible qui convient le mieux pour éviter tout inconvénient, provenant des éclats de plomb, est faite d'un panneau de bois blanc (peuplier ou tilleul), revêtu d'une feuille de papier blanc de la dimension indiquée ci-dessus, sur laquelle sont tracés en noir les cercles des zones.

Les panneaux de ce genre sont appuyés contre un massif de bois tendre, debout,

Fig. 34.

compact, faisant muraille et ayant environ 50 centimètres de profondeur.

Cette muraille, qui recueillera les balles, devra être d'au moins 1m50 au carré. Elle sera comprise entre quatre poteaux et un dessus horizontal en bois tendre. L'emploi de *bois d'essences dures, telles que le chêne, le hêtre, etc..., est formellement interdit,* non seulement à cause des ricochets qu'ils occasionnent, mais encore parce qu'ils renvoient les projectiles en arrière.

On doit éviter également l'emploi du fer pour réunir les parties du massif ; on se servira de préférence de chevilles en bois.

Nous recommandons encore, comme complément utile dans l'installation d'un tir sco-

Fig. 35.

laire, la construction de deux panneaux légers en bois, munis chacun de deux tiges en fer mobiles chacun autour d'un anneau fixé à 20 centimètres environ du bord supérieur et à 30 centimètres des côtés. Dans l'extrémité inférieure de chaque tige terminée en anneau, on pourra planter deux broches pointues, en fer, pour les assujettir au sol, en dehors du tireur.

En dedans du panneau, un anneau horizontal, placé au milieu, servira au même usage, assurant sa fixité.

Le premier panneau aura 1^m50 au carré, le second 1^m50 de haut sur 80 centimètres de large.

Fig. 36.

Le grand panneau sera fixé sur la gauche du tireur, au pas de tir de la distance où les exercices à feu devront être exécutés et le petit sur sa droite à 1^m20 environ du premier. Les arêtes antérieures des deux panneaux seront placées sur une même ligne perpendiculaire au plan du tir.

C'est dans cet encadrement que le tireur sera placé, l'instructeur se tenant sur sa droite et en arrière pour surveiller le maniement d'arme et la position du tireur. Ces panneaux peu coûteux et d'un déplacement facile, ont pour but d'isoler le tireur et d'empêcher la possibilité d'un accident provenant du départ involontaire du coup, par suite d'un faux mou-

vement ou de l'inattention de l'élève, soit en chargeant, soit en retournant en arrière ou sur les côtés son arme chargée.

Huilage du fusil pendant le tir

Pendant le tir, après chaque série de cinq ou six coups avec la cartouche réglementaire, il est nécessaire d'huiler fortement l'âme du canon, car l'encrassement qui se produit sera devenu suffisant pour gêner le passage de la balle et nuire ainsi à sa donnée.

Entretien des étuis

Après le tir, les étuis seront ramassés et lavés dans l'eau bouillante, où ils seront remués pendant un quart d'heure environ, avec un morceau de bois pointu, afin de ne pas les déformer, puis égouttés dans un panier en osier et séchés ensuite le plus rapidement possible, soit sur une plaque chauffée, soit au soleil en tournant dans ce cas l'orifice de l'étui en bas.

Tir à tubes

Nous avons dit que le fusil scolaire laisse souvent à désirer sous le rapport de la justesse, quand on emploie la cartouche réglementaire.

Il est un appareil que l'on nomme *tube à tir*, qui supplée à cet inconvénient et lui donne la précision qui lui manquait.

Ce tube a l'aspect de la cartouche réglementaire, et s'introduit de la même manière dans la chambre du fusil.

Il est foré dans toute la longueur de son axe d'un canal de 6 millimètres de diamètre, muni de rayures à l'exception de sa partie postérieure, qui est lisse et fraisée de manière à former une chambre qui doit recevoir une petite cartouche à percussion centrale, à balle conique chassée par 15 centigrammes de poudre.

Après chaque coup tiré, on passe dans le tube une petite baguette, de préférence en cuivre, pour faire tomber la cartouche usée, qu'on remplace.

Le nettoyage des tubes à tir s'opère au moyen de ce même petit instrument percé d'un œil sur le côté de l'une de ses extrémités, comme la baguette du fusil et qui reçoit un peu de laine trempée dans l'huile, qu'on promène dans l'intérieur du tube.

Après quinze ou vingt coups, il est utile de procéder à cette opération.

Avec le tube à tir. on obtient plus de justesse qu'avec la cartouche réglementaire, pourvu qu'on limite le tir à 25 mètres. Nous conseillerons donc, en général, l'emploi du tube jusqu'à 25 mètres; au delà de cette distance, la cartouche scolaire, connue, donne de meilleurs résultats. Il nous semble excellent d'employer souvent aussi cette cartouche, bien qu'elle donne un tir moins exact, parce qu'elle habitue les élèves au bruit de la détonation.

Après le tir, les armes devront être nettoyées, comme il a été indiqué pour l'arme de guerre.

EXERCICE PREMIER

Indiquer les crans de hausse à employer pour le tir à 10 mètres, à 20 mètres, à 30 mètres et à 40 mètres.

Le cran de mire étant le même pour 10 et pour 20 mètres avec le *fusil scolaire*, indiquer la différence à établir entre la prise de la ligne de mire pour chacune de ces distances.

Précautions de nettoyage à prendre pendant le tir pour assurer la régularité de la portée : les indiquer.

Lavage des étuis utilisables. — Indiquer la manière d'en opérer le nettoyage et le séchage.

Le tir à tubes. — Charger le tube. — Indiquer la manière de le nettoyer.

CHAPITRE II

LE FUSIL ANDREUX

Le conseil municipal de Paris a fait entrer *le fusil Andreux* dans le matériel obligatoire de ses écoles.

Cette arme, bien établie, sur le modèle de notre fusil de guerre, joint aux conditions de bon marché, de solidité et de parfaite exécution, l'avantage d'être plus juste que le fusil scolaire, même avec l'emploi du tube dont nous venons de nous occuper; elle a en outre une portée plus longue.

La précision de son tir atteindrait celui de la carabine Flobert rayée, s'il était muni du même appareil perfectionné de pointage et d'une détente aussi légère.

Le *fusil Andreux*, inférieur sous ces deux rapports à la carabine Flobert rayée, qui est l'arme de précision pour les petites distances, l'emporte sur elle si l'on se place au point de vue de *l'habitude qu'on veut donner aux enfants du tir avec l'arme nationale*.

En effet, ceux-ci, accoutumés de bonne

heure à sa détente fuyante, moins dangereuse qu'une détente sèche et légère, apprendront par la pratique, en tombant en joue, à exercer de suite sur la détente la première partie de l'action qui dégage du cran la presque totalité de la gâchette et l'amène au bord de la noix, d'où une légère pression suffit pour la faire échapper.

Cette arme, dont les pièces sont, chacune selon son emploi, tout en fer fin ou en acier trempé, a une longueur totale de 1^m15.

Son poids varie entre 2 k. 400 et 2 k. 500 grammes.

La longueur totale du canon est de 0^m705, son calibre est de 6 millimètres, il est rayé pendant une longueur de 42 centimètres à l'exception du tonnerre, qui est légèrement fraisé pour recevoir la cartouche.

Le projectile, en quittant la partie rayée qui lui imprime le mouvement de rotation, parcourt, sans en toucher les parois, la partie supérieure du canon, non rayée, d'une longueur de 285 millimètres et du calibre 13 millimètres qui donne à l'arme l'apparence du fusil de guerre. Cette disposition a pour effet de la rendre moins lourde et mieux équilibrée.

Le calibre qui dirige la balle porte quatre

rayures du pas de 60 centimètres pour un tour.

La cartouche, fabriquée spécialement pour le fusil Andreux, contient 15 centigrammes de poudre et peut être rechargée un assez grand nombre de fois au moyen d'un petit appareil construit pour cet usage et d'un maniement facile autant que rapide.

L'appareil de pointage se compose d'un guidon semblable à celui du fusil de guerre et d'une mire sans hausse ; car la trajectoire de cette arme est très tendue.

Le tir avec le fusil Andreux

Étant donné un noir de 7 centimètres de diamètre, placé au centre de la cible :

Pour le tir *à 12 mètres*, prendre *très fin guidon* et *pointer au-dessous du noir* en l'affleurant presque.

A *25 mètres*, un peu plus de guidon (environ sa demi-hauteur) même pointage qu'à 12 mètres.

A *35 mètres*, le guidon jusqu'à son embase doit apparaître dans le cran de mire, — le pointage reste le même que pour les deux distances précédentes :

A *45 mètres*, prendre le guidon comme à

25 mètres (environ sa demi-hauteur) et pointer sur le centre du noir.

Au delà de 45 mètres jusqu'à 60, prendre de plus en plus de guidon et relever le pointage au fur et à mesure que la distance augmente, jusqu'à ce que, pour cette dernière, la pointe du guidon, apparaissant comme pour le tir à 35 mètres, dépasse la partie supérieure du noir.

A 45 mètres, cette arme donne des résultats remarquables.

Entretien de l'arme et nettoyage du canon

Les précautions à prendre pour entretenir en bon état le mécanisme du *fusil Andreux* (1) sont les mêmes que pour celui du fusil de guerre.

Le nettoyage du canon se fera conformément aux prescriptions contenues dans le chapitre suivant, consacré à la carabine Flobert de précision. Elles s'étendent du reste à toutes les armes rayées, et acquièrent d'autant plus d'importance que le *calibre de l'arme est plus réduit*, et par conséquent aussi la largeur et la profondeur des rayures.

(1) Les pièces du mécanisme seront graissées avec de l'huile bien épurée.

Le nettoyage de la chambre du fusil devra se faire au moyen d'une curette cylindrique en bois tendre entourée de laine huilée. Cette opération doit être faite avec soin pour assurer la facilité d'expulsion de l'étui vide saisi par l'extracteur.

Après le tir, le canon sera lavé comme il a été dit pour le fusil de guerre, séché et huilé à l'intérieur. Les surfaces extérieures en fer ou en acier, seront enduites légèrement de graisse de mouton fondue et mélangée d'huile d'olive.

On emploiera cette même préparation pour graisser la balle, avant d'introduire la cartouche dans le canon ; cette précaution donne au tir la plus grande justesse, surtout si l'on a soin de passer une pièce huilée dans le canon, chaque fois qu'on a brûlé dix ou douze cartouches.

Adresse : Maison ANDREUX, Paris,
11, rue de Malte.

EXERCICE II

DU FUSIL ANDREUX

De sa construction.
Du pointage et du tir avec cette arme.
Entretien de l'arme.

CHAPITRE III

LA CARABINE FLOBERT RAYÉE

La visière à glissière mobile. — Emploi de cet appareil pour une démonstration de pointage. — Nettoyage de l'arme. — Précautions à prendre pour l'acquisition d'armes destinées aux écoles.

La carabine Flobert rayée à extracteur est la réduction des carabines de précision à longues portées, comme le fusil scolaire est celle du fusil de guerre national qui, soit dit en passant et n'en déplaise à ses détracteurs, les partisans des fusils à répétition, est une arme dans laquelle le soldat peut avoir une aussi grande confiance qu'en n'importe quelle autre. Les expériences comparatives faites au printemps de 1883, au polygone de Vincennes, avec les armes employées par les différentes puissances européennes, ont démontré cette vérité jusqu'à l'évidence. *Il n'est plus à prouver qu'elle a sur les autres l'avantage de la simplicité dans le mécanisme, de la solidité et de la facilité d'entretien.*

Le tir avec la carabine Flobert est usité dans beaucoup d'écoles. Cette arme, — nous parlons ici de la carabine rayée, — est d'une justesse qui ne laisse rien à désirer, surtout quand elle est munie de l'appareil de pointage à visière mobile très perfectionné et à glissière sur le canon, auquel nous avons fait allusion dans le chapitre relatif au pointage, qui permet d'opérer en quelques tours de vis les rectifications de pointage nécessitées souvent pour le tir de précision par la façon dont la lumière *tombe sur le canon ou sur la cible* (1).

Voici la description de ce petit appareil et le moyen d'opérer avec son aide les rectifications de tir dans le sens horizontal.

La visière à glissière mobile

La visière à glissière horizontale mobile se compose de deux quarts de cercle égaux en fer A et B, montés perpendiculairement sur

(1) Si la lumière vient de droite, le tireur a une tendance forcée à faire passer sa ligne de mire par le milieu de la partie sombre du guidon. S'il n'y prend garde, il reporte donc nécessairement son tir à droite du point qu'il veut atteindre. Si la lumière vient de gauche, il reporte dans les mêmes conditions son tir à gauche.

un chariot C, qui glisse sur le canon, en
avant ou en arrière, selon que le tireur veut
éloigner ou rapprocher de
son œil le cran de mire.

Fig. 38.

On l'y fixe par la pres-
sion de la vis D située sur
son côté gauche.

Entre les deux quarts de cercle A et B, se
meut autour d'un pivot E, la planche de
hausse H. Elle est percée à gauche sur sa
surface horizontale d'un trou taraudé, dans
lequel se meut la vis F, finement filetée, elle
est recourbée à sa partie antérieure, selon un
angle légèrement obtus, pour servir de point
d'appui à la visière mobile M, qui porte le

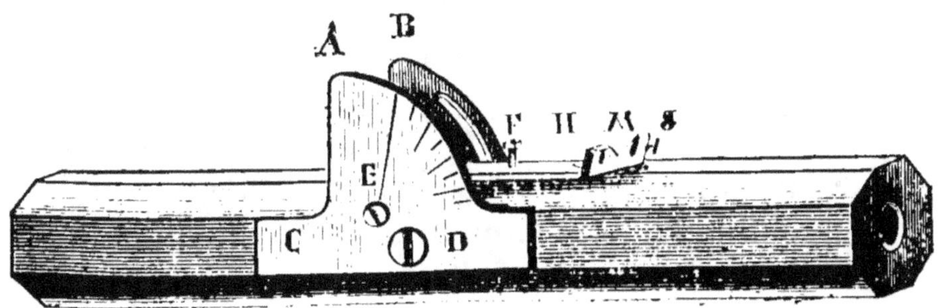

Fig. 39.

cran de mire et obéit au commandement de
la vis J, placée sur sa droite. Elle est terminée horizontalement du côté du guidon par
une pointe qui, si l'arme est juste, bien gui-
donnée et la lumière éclairant également les

deux côtés du guidon, doit aboutir au point K, marqué au milieu de la planche de hausse.

Le quart de cercle gauche A, porte des graduations pour diverses distances. C'est la base de ces traits que doit venir affleurer l'arête supérieure de la planche de hausse, pour le tir aux distances qui y sont inscrites.

Le point d'éloignement le plus commode pour la vue étant trouvé, fixer le chariot par sa vis D, disposer la hausse pour la distance à laquelle on doit tirer, de manière à frapper exactement à la hauteur du centre du noir, tout en prenant seulement *la ligne de mire qui aboutit à affleurement de son bord inférieur.*

Ce point trouvé, appuyer la vis F sur le chariot, cette disposition ayant pour effet d'empêcher la hausse de varier de hauteur pendant le tir.

Si le coup a porté à gauche, diriger la visière mobile, au moyen de la vis J, dans le sens où le projectile a frappé, c'est-à-dire à gauche, dans l'hypothèse présente, jusqu'à ce qu'il soit ramené au centre du noir.

En résumé, faire toujours cheminer la glissière dans le sens où l'écart s'est produit, de même qu'on élève la hausse quand le coup a donné trop bas, ou qu'on la baisse quand il a porté trop haut.

Pour le démontrer supposons un canon
a, b, c, d, e, pointé correctement avec la ligne
de mire *c* EO conduisant exactement le projectile au centre O.

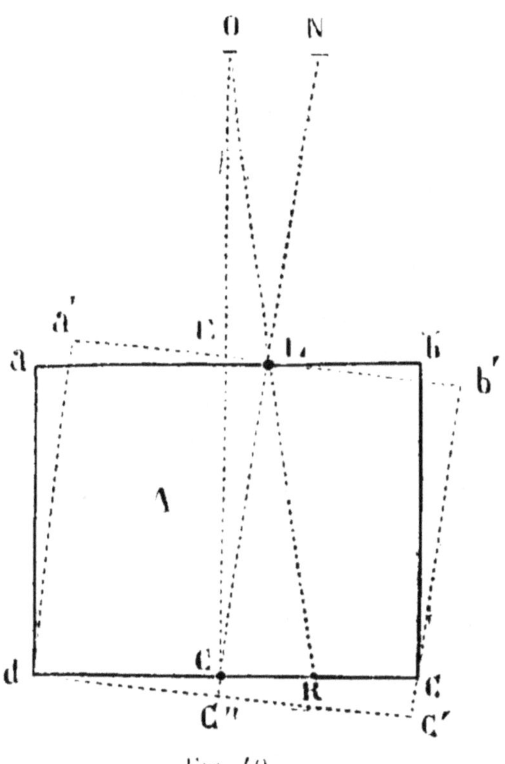

FIG. 40.

Si nous déplaçons le cran de mire C et
l'amenons en R ; pour mettre le point O dans
le prolongement de la nouvelle ligne de mire
obtenue en reportant à droite le guidon qui
occupait le point E, nous devrons faire faire
au canon un mouvement à droite afin de pla-

cer le guidon au point L, ce qui nous donnera la ligne de mire RLO.

Mais le canon, qui occupait primitivement la position *a b c* aura pris la position *a' b' c' d*. La ligne de tir sera donc devenue C LN. Le projectile dirigé selon cette ligne, qui est, comme on sait, celle qui passe par le centre du canon, ira frapper le point N, c'est-à-dire à droite du point O.

Pour le ramener au point primitif O, situé *à gauche du point* N, obtenu en reportant le cran de mire à droite, nous devrons donc le ramener *à gauche*. En effet, puisque, en l'amenant au point R, situé à droite de C, le projectile a été frapper à droite, pour le ramener à gauche, il faudra donc le reporter à gauche jusqu'en C.

Cette théorie démontrée par un tracé, le sera également au moyen du chevalet de pointage.

Le tir avec la carabine Flobert rayée atteint son maximum de précision à 12 mètres, avec la capsule Bosquette à balle cylindro-conique ; mais, dans un lieu où l'influence du vent ne s'exerce pas, il est encore très exact à 25 et même 30 mètres, si l'on a soin de graisser assez souvent l'âme du canon avec une mèche huilée pour débarrasser les rayures des parcelles de plomb qui, les remplissant à la longue, déforment les balles et les empêchent de suivre convenablement le pas de l'hélice pendant leur trajet dans le canon.

Nous conseillerons à ce propos, comme chaque fois qu'on aura affaire à une arme rayée, l'emploi de la baguette de cuivre, qui n'écaille pas les rayures, et nous recommanderons d'une façon absolue de proscrire l'usage du ressort-grattoir, dont on se sert encore à tort, pour le nettoyage du canon des carabines lisses.

Son emploi détruit en peu de séances les rayures, qu'elles écaillent aux arêtes ; la donnée moins exacte des carabines lisses même ne résiste pas longtemps aux atteintes des griffes de cet instrument, qui a pour effet de les décalibrer, c'est-à-dire de creuser des chambres dans certaines parties du canon moins résistantes que les voisines et de laisser des intervalles où les balles ne touchant plus les parois du canon, se retournent, ricochent, se déforment pendant leur parcours, jusqu'à la sortie, où leurs formes défectueuses entravent leur portée et empêchent la justesse du tir (1).

___

(1) On ne doit jamais, avec la carabine Flobert, *tirer à vide*, comme on le fait avec le fusil scolaire réglementaire ou le fusil Andreux, pour s'exercer à devenir maître de la détente. En laissant frapper le chien contre la culasse de l'arme, on s'expose à détériorer rapidement celle-ci, ou à casser celui-là. Toutefois, on

Nous recommandons encore, lorsqu'on pratiquera le nettoyage d'une carabine rayée, quelle qu'elle soit, d'obéir au mouvement de rotation que la mèche engagée dans les rayures imprime à la baguette. C'est le seul moyen d'éviter le plombage qui se ferait à la longue, surtout si l'on négligeait de passer la baguette dans le canon après quinze à vingt coups, ou qu'on remît l'arme au ratelier, à la suite d'une séance de tir, sans avoir lubrifié à l'huile l'intérieur du canon.

On devra prendre des précautions, en se livrant à cette dernière opération, pour que l'huile chargée de limaille de plomb et des résidus qui se trouvaient dans le canon, ne s'introduise pas par le canal du chien dans la batterie.

Pour éviter cet inconvénient, on placera un tampon d'étoffe contre le tonnerre et on abattra le chien avant d'introduire dans le canon la baguette fortement huilée.

De l'achat des armes par les communes ou les particuliers pour les exercices de tir dans les écoles.

Nous ne voulons pas terminer l'étude des

peut, si l'on veut essayer la détente sans brûler une amorce, mettre un morceau de feutre entre le chien et la culasse; on évitera ainsi les accidents dont nous venons de parler.

fusils ou carabines employés dans les écoles, sans engager ici les municipalités, les instituteurs et toutes personnes qui voudraient acheter des fusils ou des carabines pour les *tirs scolaires*, à faire dans leurs demandes d'envois aux fournisseurs la réserve expresse que, dans le cas où les armes qu'ils expédieraient ne donneraient pas les résultats de précision qu'ils sont en droit d'attendre, ou que les pièces que la table de construction qui figure dans leurs prospectus comme devant être en acier seraient en fer, elles leur seraient impitoyablement refusées et retournées à leurs frais. C'est le seul moyen de s'éviter d'onéreuses déceptions.

Nous conseillons encore de choisir de préférence à la carabine Flobert, qui a une détente sèche n'ayant rien de commun avec celle de l'arme nationale, les fusils à détentes fuyantes. Cette carabine est une *arme de luxe*, nous devons préférer l'autre, qui *est d'utilité*.

EXERCICE II

DE LA CARABINE FLOBERT

Tracer au tableau l'appareil de hausse à visière mobile. Indiquer quel est l'avantage de sa disposition pour le tir de précision. — L'utilité de la vis de support qui

traverse perpendiculairement la planche de la hausse.
— La construction de la glissière mobile et la manière
de la diriger à l'aide de la vis, située à droite de cet
appareil.

Quelle utilité y a-t-il pour le tireur à pouvoir avancer
ou reculer l'appareil de hausse?

Démontrer théoriquement au tableau l'influence qu'exerce
sur la donnée le déplacement *soit à droite, soit à
gauche* du cran de mire. Confirmer la démonstration
théorique par une étude correspondante de pointage
au chevalet, en procédant comme il a été indiqué au
sujet des rectifications de pointage.

Indiquer les précautions à prendre dans le nettoyage de
la carabine Flobert et débarrasser les rayures du
canon des résidus qui les rempliraient à la longue.

Désigner *le métal qui doit être employé pour la construction de la baguette de nettoyage* et indiquer
quel est le système détériorant qu'on doit toujours
exclure parce qu'il *fausse la donnée de l'arme.*

Des précautions à prendre pour l'acquisition de fusils
ou de carabines destinés aux écoles.

CHAPITRE IV

Comparaison entre la position du bras gauche dans le tir à genou et le tir debout. — Position du tireur debout dans les stands de tir ; avantages de cette position au point de vue de l'immobilité de l'arme sur la position réglementaire.

Nous avons dit, d'après les principes de la position du tireur debout adoptée dans l'armée que l'homme doit, en épaulant, tenir de la main gauche l'arme, au-dessous du pied de la hausse.

Remarquons que, dans cette situation, le coude ne repose sur aucun point d'appui.

Nous trouvons, au contraire, dans la position du tireur à genou, le coude gauche appuyé sur le genou du même côté. Dans le tir couché, les deux bras appuyé font chevalet.

Il est certain que plus le tireur peut se rapprocher de l'immobilité de l'étau ou se transformer en affût de son fusil, l'index resté libre, seul, ayant une action à exercer sur la détente, plus il réunit aussi des conditions pour atteindre le but, puisque toute l'opération se réduit dès lors à pointer correctement.

Sans ignorer cependant que, pour les feux auxquels on exerce le soldat, le système admis dans l'armée présente d'incontestables avantages de facilité de manœuvre et de chargement, nous indiquerons la position la plus solide, que les amateurs du tir de précision dans tous pays, ont adoptée pour le tir debout. Toute la différence consiste dans la manière de placer le bras gauche et la main droite.

Le coude du bras gauche qui soutient l'arme, élevé d'abord pour prendre position, est abaissé ensuite jusque *sur le milieu de la poitrine, où on l'appuie, à l'endroit convenable pour amener la ligne de mire à la hauteur de l'œil droit, la tête* étant maintenue *à peu près droite.*

La sous-garde ou pontet repose sur la paume de la main ; les doigts sont allongés en avant et contiennent le bois du fusil.

Le coude droit est élevé à la hauteur de l'œil comme dans la position du tireur debout décrite plus haut : mais la main droite, au lieu d'être appliquée fortement à la poignée du fusil, ne fait guère que l'appuyer de côté sans exercer sur elle une grande pression, et sans faire traction vers l'épaule, avec le concours de la main gauche : *La crosse de l'arme est seulement solidement appliquée dans le creux de l'épaule*. L'index de la main droite peut ainsi s'engager plus avant sur la détente et la presser *avec le pli de la seconde phalange*, d'une force plus régulière, qui évite ce qu'on appelle le *coup de doigt*.

La position que nous venons de décrire est certainement celle qui assure les meilleures conditions d'immobilité de l'arme, dont le poids, quel qu'il soit, n'incommode en rien le tireur exercé, mais ne fait au contraire que, comme pour la voûte qu'on surcharge, quand ses culées donnent une résistance suffisante, en assurer la solidité par l'augmentation du poids.

EXERCICE III

Indiquer la position conseillée comme la plus rationnelle pour le tireur debout.

L'instructeur fera appliquer par les élèves la position préconisée, après les avoir fait pointer et provoquer le départ du chien selon les prescriptions de la théorie militaire, que nous avons rapportée.

Les élèves étant exercés à ces deux positions, des exercices de tir seront exécutés d'après chacune d'elles et les résultats obtenus seront comparés.

L'instructeur fera ensuite accepter aux élèves tireurs celle de ces deux positions qui donnera le meilleur tir.

L'auteur est certain que ce sera la position décrite dans ce dernier chapitre et adoptée par les meilleurs tireurs de toutes les nations.

CHAPITRE V

LA CROSSE A PLAQUE DE COUCHE MOBILE DE LE ROY DEGOUBERVILLE

Un reproche que nous adressons à toutes ces armes, c'est d'atteindre un poids qui excède les forces des enfants au-dessous de 10 à 11 ans. Le fusil scolaire, en effet, pèse dans les environs de 2 kilos 900; la carabine Flobert rayée atteint 3 kilos; le fusil Andreux est du poids de 2 kilos 400 à 2 kilos 500; c'est le moins lourd des trois.

L'inconvénient qui provient du poids de l'arme est très atténué par l'adoption de la dernière position du tireur debout, que nous venons d'indiquer; mais il est un autre défaut auquel personne n'a remédié et qu'aucune position ne peut combattre; il provient de la longueur presque uniforme des crosses et de leurs poignées.

Dans la carabine Flobert, la distance de la plaque de couche à la détente est de 0^m360; dans le fusil de tir scolaire elle est réduite à 0^m305; dans le fusil Andreux, les proportions sont à peu près celles du fusil scolaire. La longueur de la crosse et de la poignée adoptée pour ces deux armes a été calculée sur une moyenne, mais ne s'adapte pas, tant s'en faut, à la taille de plus d'un tiers des élèves. Quant à la carabine Flobert, sa longueur de crosse est beaucoup trop grande pour presque tous les enfants.

Il est donc impossible de leur faire prendre les positions solides de tir qu'ils devront toujours conserver, en même temps que les faire obtenir une précision de tir qui doit s'accroître par le fait de l'exercice.

En effet, peuvent-ils tirer avec assurance, lorsque le bras gauche est tendu pour soutenir l'arme, tandis que l'index de la main droite atteint difficilement la détente avec sa sa première phalange ? Enfin, peuvent-ils dans cette situation tenir l'appareil de pointage perpendiculaire et faire partir le coup dans de bonnes conditions d'immobilité ?

D'une école de tir pratiquée avec des crosses trop longues, il résulte la perte des munitions sans aucun profit d'instruction pour les élèves *qu'on croit exercer* ; ils prennent forcément et adoptent de mauvaises positions avec un pointage incorrect, qu'on aura plus tard grand peine à rectifier *et s'habituent à donner le coup de doigt.*

Pour remédier à cet inconvénient, nous avons imaginé un système de crosse qui, s'allongeant ou se raccourcissant selon les besoins, permet, avec le même fusil, de faire prendre à tous les enfants de l'âge scolaire la position correcte qui leur donnera l'assurance pendant le pointage et la sûreté dans l'action sur la détente.

Du busc au talon, cette crosse n'a qu'une longueur de 17 centimètres.

Une vis de 12 millimètres de diamètre dont l'axe est situé à 47 millimètres du talon de la plaque de couche mobile, peut entraîner cette pièce jusqu'à 5 centimètres en arrière et la rallonger par conséquent d'autant.

Elle a une longueur de 95 millimètres et se meut dans un écrou incrusté dans le bois de la crosse. A la suite de cet écrou se trouve un canal lisse dans lequel la vis s'engage de plus en plus au fur et à mesure qu'on raccourcit la crosse.

La plaque de couche est maintenue fixement dans sa position parallèle à la fausse plaque de couche qui termine la crosse et sur laquelle elle vient s'appuyer, — quand on lui donne son raccourcissement extrême, — par deux tiges qui glissent à frottement doux, chacune dans une pièce en fer de 25 millimètres d'épaisseur, fixée à l'extrémité du bois, où l'une et l'autre se meuvent dans un canal de son calibre. Leur diamètre est de 7 millimètres. La première a son axe situé à 25 millimètres du talon de la plaque de couche; la seconde a son axe à 33 millimètres du bec de la crosse.

Ces deux pièces sont vissées chacune par son extrémité postérieure dans la plaque de couche mobile. La vis motrice a la partie inférieure de sa tête qui se meut à frottement doux dans la plaque de couche. Celle-ci porte au-dessous de cette partie de la vis

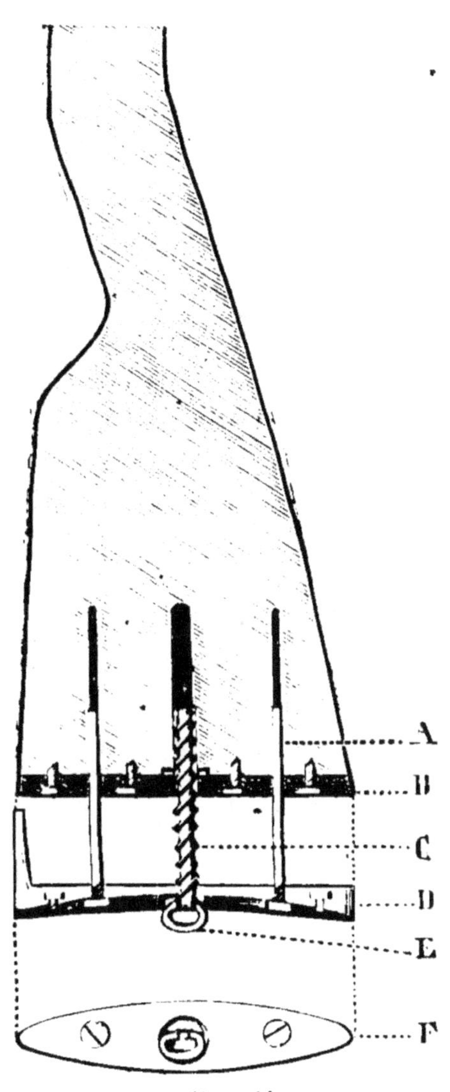

Fig. 41.

un écrou vissé et arrondi de 4 millimètres d'épaisseur qui se meut dans la plaque mobile et la force à suivre le mouvement de la vis, quand on change la longueur de la crosse.

La plaque de couche, qui est en fer, a une épaisseur de 15 millimètres au talon et de 20 millimètres au bec de la crosse.

La vis motrice se dirige au moyen d'un anneau qui la commande et se rabat ensuite dans un logement pratiqué pour lui dans la plaque de couche, où la maintient un petit ressort placé contre son articulation avec la vis. Les deux tiges qui accompagnent la vis ne doivent jamais être dévissées de la plaque mobile.

Pour assurer la facilité du mouvement d'allongement et de raccourcissement, on doit avoir soin d'huiler la vis et les tiges, sans introduire l'huile entre la plaque de couche et l'écrou de la vis.

On doit avoir soin de ne pas frapper la crosse à terre pour ne pas en fausser le mécanisme.

FIN

TABLE DES MATIÈRES

PREMIÈRE PARTIE

CHAPITRE Ier

CHAPITRE II

CHAPITRE III

L'arme de guerre

CHAPITRE IV

Le mécanisme

CHAPITRE V

Entretien de l'arme

DEUXIÈME PARTIE

LE TIR

Le pointage

Le chevalet de pointage. — Pointage sur le che-

TROISIÈME PARTIE
LE TIR SCOLAIRE

10209. — **Tours,** imp. Rouillé-Ladevèze, rue Chaude, 6.